【負けない】
【折れない】
【疲れない】

メンタルの強化書

佐藤 優

Crossmedia Publishing

はじめに

ここ2～3年、講演会や勉強会の後で、メンタル問題に関する相談を受けることが飛躍的に増えた。自身の心の不調に関する問題もあれば、家族や同僚のメンタル問題もある。時には雑誌や書籍の編集部気付で手紙をもらうこともある。

私自身は、メンタルに関してとりわけ強くもなければ、弱くもないと思っている。鈴木宗男事件に連座して東京地方検察庁特別捜査部に逮捕され（２００２年5月14日）、東京拘置所の独房に５１２日間勾留された時も、不愉快と思ったが、メンタル面での不調を来すことはなかった。

獄中では、拘禁症状が出て抑うつ状態になる人が少なくない。私がそうならなかったのは、うつの因子がなかったからと思う。抑うつ症状は、自らが持つ因子と環境の双方の要因から生じると私は考えている。

最近、メンタル面での不調を訴える人が増えている背景には、日本社会が急速に新自由主義化しているために、ビジネスパーソンが常に競争圧力にさらされているからと私は見ている。この点で、新自由主義では日本の先を進んでいる韓国の現状から学ぶことが多い。

〈韓国の企業では、実力さえあれば、比較的若い年齢で理事職につける。大手企業の役員人事が行われる5月になると、サムスン電子や現代自動車など、韓国を代表する大手企業で30代の取締役が誕生したというニュースがマスコミを賑わす。しかし、早く咲く花は早く散るもの。大手企業の役員の平均在職期間はたったの2年だ。

企業情報分析会社の「韓国CXO研究所」は、2018年、韓国の売上高上位の10大企業の退職役員を対象に、役員たちの平均年齢と勤務年数などを全数調査して発表した。これによると、韓国の10大企業で、初めて役員に抜擢される平均年齢は49・6歳、役員から退いた平均年齢は54・2歳だった。役員に抜擢されてから辞めるまでの役員在職期間は、2年が20・9%で最も多かった。次に3年（13・4%）、5年（11・6%）、6年（10・1%）の順である。役員になってからわずか1年で辞めたケースも5・4%あった。

CXO研究所のオ・イルソン所長は、この調査結果を「四九開花（49歳で役員に抜擢）、五四落花（54歳で役員退職）、花二絶頂（役員在職期間は2年）」と表現する。

「法的な定年は60歳だが、実際に企業内部で体感する退職年齢は、50代前半とはるかに低いのが現状です」

大手企業の役員だけではない。大多数のサラリーマンにとって、中年退職は極めて深刻な問題だ。

２０１５年、ソウル市が50～64歳のソウル市民１０００人を対象に実施した「ソウル市の50十（プラス）世代の人生二毛作の実態と欲求調査」によると、ソウルに住む男性の退職年齢は平均53歳、女性は平均48歳だった。しかも、退職後の再就職率は53・３％にとどまる。平均寿命が82・６歳（２０１７年時点）の韓国で、50代前半で会社から追い出され、再就職の道も半ばふさがれているのだ。〉（金敬哲『韓国 行き過ぎた資本主義 「無限競争社会」の苦悩』講談社現代新書、２０１９年、１２７～１２８頁）

日本の大企業でも、定年は60歳であっても役職定年制度が導入されており、50代後半まで本社に残れるのは一握りの人たちだけだ。今後、こういった競争圧力はますます強くなる。

金敬哲氏は、〈**韓国の中年男性にとって、退職は死刑宣告と同じだ。若い頃は、良い待遇を求めてあちこち転職することも可能だが、40代半ばになると、いくら実力のあるサラリーマンでも転職はほぼ不可能になる。迫りくるリストラの恐怖の中で、どうにか生き残れるよう踏ん張るしかないのだ。**〉（前掲書129頁）と述べているが、日本人男性でもこれは同じだ。

40代半ばから転職を試みても、現在、勤務している会社や役所よりも好条件を得られる可能性はほとんどない。60歳になってから、継続雇用で働き続けても、年収は従来と比較して20〜40％にとどまるのがほとんどのケースと思う。老後への不安もあるので、夫婦で長期の海外旅行をする経済的余裕もない。高齢者に関しても、韓国に似た状況が近未来に到来する可能性がある。

〈韓国の高齢者を苦しめているのは、経済的な問題だけではない。韓国社会全体からの老人への否定的な視線が、高齢者を追い詰めている。

社会福祉のシステムがきちんと整わない状態で高齢化が進み、経済成長の鈍化に伴って若年層の負担が顕著に増大、これが老人に対する「嫌悪」として表れている。（中略）

高齢者世代を否定的に見る青年が多いということは、統計資料でも証明されている。国家人権委員会の「老人人権総合報告書」によると、韓国青年層（19～39歳）の80・9％が「韓国社会に老人に対する偏見があり、このため、老人の人権が侵害されている」と回答した。また、彼らは、「老人福祉の拡大で若年層の負担増加が懸念される」（77・1％）、「老人雇用の増加のせいで、青年雇用の減少が懸念される」（56・6％）などの意見が、老人に対する否定的認識の主な原因と見ている。（中略）

専門家らは、韓国社会の「老人嫌悪」現象について、政府が近い将来「老人大国」となる韓国の未来像を、あまりにも否定的に見ていることが原因の一つではないかと分析する。「2057年には、国民年金が枯渇する」「2060年からは、1人の若者が数人の老

人を扶養しなければならない」といった暗鬱な展望が、かつて東方礼儀之国と呼ばれ、老人を敬う「敬老社会」だった韓国を「嫌老社会」に変えてしまったのだ。〉（前掲書193〜195頁）。

韓国は経済成長の優等生だ。インターネット化も日本よりはるかに進んでいる。経済の優等生であるが故に韓国は深刻な社会問題を抱えてしまったのだ。

新自由主義を推進すると弱肉強食の社会になる。格差が拡大し、一旦、転落してしまうと、そこから這い上がることはほぼ不可能になる。新自由主義の競争原理を放置しておくと、労働環境や高齢者の状況に関しても、どの国であっても韓国と似た状態になる。そしてメンタル面で苦しむ人が増える。

この状況を解決するためには、政治主導で経済政策を改める必要がある。韓国も含め、行き過ぎた新自由主義政策に今後、世界的規模で歯止めがかかると思う。ただし、この転換には時間がかかる。

その間に、われわれ1人ひとりが自分と家族、友人たちをメンタル面での疲弊から守るために具体的に何かをしなくてはならない。そのために役立つ内容を本書に盛り込んだ。

本書を上梓するにあたっては(株)クロスメディア・パブリッシングの坂口雄一朗編集長、フリーランスの編集者兼ライターの本間大樹氏にたいへんお世話になりました。どうもありがとうございます。

2019年12月10日、名古屋に向かう「のぞみ27号」の車内にて

佐藤優

第2章 「前のめり」な生き方をやめる

第3章

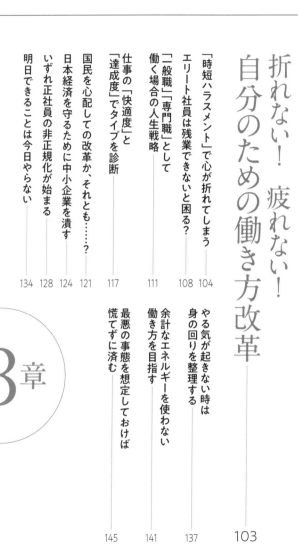

第5章 コミュニティとアソシエーションで乗り越える 179

第1章

下品化する社会とどうつき合うか？

心が折れると完治するのが難しい

厚生労働省の「患者調査」によると、「気分(感情)障害等」のいわゆるうつ病などの患者は、1996年の43万3千人から2017年は127万6千人と約3倍に増えています。

心を病んでしまう人が約20年の間に激増していることがわかります。怖いのは一度うつ病にかかってしまうと、なかなか完治するのが難しいこと。再発リスクが高く、仕事を続けるのが困難になるケースが少なくありません。

「うつ病は心の風邪」だという言葉がありますが、私は風邪ではなくてインフルエンザの方が近いと思います。インフルエンザは時に命に関わりますが、うつ病もひどくなると自殺につながることがあります。

少し良くなって社会復帰しても再びちょっとしたストレスで再発、仕事や社会生活に支障をきたしてしまう。けっして「心の風邪」のような軽いものではないということです。

心の病気がこれだけ蔓延している背景には、やはり社会の状況、私たちを取り巻く環境の変化が大きいでしょう。

経済が右肩下がりになる中で、企業間の競争は激化しています。人件費削減ということで職場は慢性的に人手が足りない。ビジネスパーソン1人ひとりにかかる仕事の負担は膨大なものになっています。

かたや「働き方改革」が叫ばれ、残業が制限されています。抱える仕事は増えているのに、会社に残って仕事もできない。持ち帰って家で仕事を片づけたり、土日祭日などを返上したりすることもある。一方で、売り上げなどの数字、結果を厳しく求められます。

孤独の中で抱えきれない仕事を負う

かつてはそれでも職場内の人間関係が強固で、家族主義的なつながりがありました。上司と部下、先輩と後輩のタテの関係が強かった。仕事だけでなく、酒の飲み方や人づき合いの仕方まで、いろんなことを教える空気がありました。いまは職場での関係性は希薄になり、個々人がバラバラになっています。

ＩＴ企業のオフィスに行くとそのことがよくわかります。間仕切りした机に座り、会話もなく、パソコンに向かって黙々と仕事をしています。お互いのことには関与しない。誰もが自分の仕事をこなすだけで精一杯なのです。

相談する相手もいなければ、雑談で気を紛らわせることさえできません。孤独の中でそれぞれが抱えきれないほどのストレスを負わされている状態です。

それでも将来、昇進して給与が上がるなど、明るい未来を描けるならばいいのですが、どうやらそんな材料も見当たりません。

厚生労働省の「国民生活基礎調査」によると、1世帯当たりの年間の平均所得金額は１９９４年の６６４万2千円をピークにして下がり続け、２０１７年には５５１万6千円と23年間で１００万円以上も下がっています。

10年、20年勤め続けたら賃金が上がる時代は、もはや完全に過去の話になってしまいました。リストラにおびえながら振り落とされないように会社にしがみつく。役職定年で給料は一気に下がり、仕事も元部下の下で雑用などをさせられます。

　そうまでして最後まで頑張っても、退職金が満足にもらえる保証はありません。同省の「就労条件総合調査」によると、大卒入社の平均退職給付額は２００３年の２４９９万円から２０１８年は１９８３万円と、この15年間で、５００万円以上も減っています。

　退職給付制度を設けない企業数は、２０１８年は19・５％で（従業員30人以上の会社）、５社に１社が退職金制度がありません。この傾向は今後さらに進むでしょう。

　一方で年金などの社会保障は少子高齢化の影響で給付条件も金額も悪くなる一方です。老後の貯えもしたいけれど、いまの家計を維持するだけで精一杯。明るい将来の姿が描きづらいのがいまの世の中です。

　膨大な仕事を抱え、成果をあげなければならないプレッシャーと人間関係のストレスの中で、精神的にも肉体的にも追いつめられているのが現在のビジネスパーソンの姿ではないでしょうか。

　健康で健全なメンタルを保ち続けるのが困難な環境だと思いませんか？　このような環

境の中でやっていくには、仕事のスキルをつける云々以前に、どうやって自分のメンタルを維持するか、それを最重要課題として取り組まねばならないと思います。

心が折れた人は罪を犯すという暴論

２０１９年３月、内閣府はわが国の40歳から64歳の中高年の引きこもりの数が、推計で61万人もいるという調査結果を発表しました。それは15歳から39歳までの引きこもり推計数の54万人を上回っていることでも注目されました。

「80 - 50問題」というのをご存知でしょうか？　このような中高年の引きこもり者が50代、親が80代になった時に、隠れていたさまざまな問題が顕在化するという社会問題です。それまで引きこもっていた彼らは、親が80歳を超えると親の介護などに直面し、一気に生活に支障をきたします。

さらに言えば、90 - 60問題も起こり得る。しかし１００ - 70問題はないでしょう。なぜなら多くの親は100歳になる前に亡くなるので、100-70の親子はほとんど存在しないからです。するとどうなるか？　親の年金で生活していた彼らは、収入源を失い、固定資産税や水道高熱費さえ払うことができず、最悪の場合は家を捨てざるを得なくなる。

あるいは路上生活になる人が増えるかもしれません。現在40歳から64歳の引きこもり者が61万人ですから、かりにその半分としても約30万人が生活困窮者となる可能性があります。

ただし、私はこのような引きこもり者があたかも社会の害悪であるかのような報道には違和感を覚えます。この人たちはある意味では社会の犠牲者であり、歪んだ構造の結果でもあると考えます。

ところが引きこもり者を先ほどの80-50問題と絡め、ことさらに問題視する論調が最近よく見られます。

2019年5月、川崎市で10年以上引きこもっていた50代の男が、スクールバスを待つ児童とその親を次々に刺すという、痛ましい事件が起きました。

犯人はその後自殺しましたが、報道は一斉に犯人が引きこもりを続けていたことを知らせ、ワイドショーなどは連日、わが国の引きこもり者の実態などを取り上げました。中には80-50問題も含め、引きこもり者が犯罪予備軍であるかのような論調が見られました。

しかし、それらは健常な人たちと引きこもりの人たちの犯罪率を正確に比べたものではありません。引きこもりと殺人のような重大犯罪の相関関係が証明されていないのです。むしろ引きこもり者はほとんど外に出ないので、犯罪率は一般に比べて少ない可能性の方が高いと思います。

にもかかわらず、引きこもりの人たちがいずれ殺人のような重大犯罪を犯してしまうかのような意見や報道は非論理的で、偏見に満ちています。

理解しがたいものを排除しようとする動き

むしろこのような短絡的なメディアの報道を鵜呑みにしてしまう社会の風潮の方が恐ろ

しい。そこには引きこもりの人たちを「引きこもり」という属性にまとめ上げ、社会から排除しようという意識が見えます。

「属性排除」と言うのですが、人種や国籍、出自や団体などの属性に対して、怪しいとか危険だと一方的に決めつけ、排除することを言います。この「属性排除」の圧力が、わが国では近年とくに強くなっているように感じます。

そこには自分たちと異質な存在――理解しがたいものに対する一種恐怖心のようなものがあります。わからないもの、理解できないものを受け入れることができない、という。

受け入れるには受け入れる方の余裕が必要です。その余裕が社会全体になくなっています。社会が不安定になるほど、不安感や恐怖心は強くなります。先が見えにくく、閉塞感が漂ういまの社会は、他者を受け入れる余裕がなくなっているのです。

そこには、近代人特有の病理もあると考えます。対象が何者であるか、その出来事がどういう意味があるのかを、言語でしっかりと説明されていないと安心できないという特性です。

言語化し、分類＝カテゴライズすることで、ようやく自分の中で安心する。それができないものに対して不安と怖れを覚えるのです。

近代以前も科学で説明できないものに人々は恐怖心を抱きました。ただし、それは自然の力だとか、神や仏の仕業だというように、何かしら大きな力の発現だと捉えた。そこに「畏れ」はあっても、「怖れ」はありませんでした。

神なきいまの時代、割り切れないもの、理性や合理性で理解できないものをあえて存在しないかのように扱います。そして、時には恐怖心と不安感を抱き、異質なものとして排除するのです。

この異常な世界と距離を置いて生きる

孤独や不安が蔓延する現代社会自体が、すでに1つの病理なのかもしれません。だとするならば、そこから離れる、あるいは離れなければ生きていけないと感じるのは、むしろまっとうな反応とさえ考えられます。

あえて「土俵に上がらない」という選択もあるはずです。過酷な競争とサバイバルの中で自分が傷つけられることを恐れるだけでなく、他者を傷つけることもよしとしない。そういう人だからこそ心を病み、社会からあえて身を遠ざける……。

そう考えると、引きこもりの人たちこそ正常な神経の持ち主であり、優しく繊細な心を持っている人だと言えるのかもしれません。むしろこの異常とも言える環境の中で、元気に普通に仕事をしている方が鈍感で、他者を押しのけることに痛みを感じない、怖ろしい存在だとも言えるのです。

川崎市の事件でも、ネットの書き込みやワイドショーなどで、しきりに「死ぬなら勝手に1人で死ぬべきだ」という声が上がりました。周囲も賛同している光景を見て、私は何とも言えない気持ちになりました。

たしかに無差別殺人は許しがたい。しかし「1人で死ね」と言うのは、明らかに論理に飛躍があります。どんな相手であれ「勝手に1人で死ね」と言うのは暴言でしょう。その突き放した言い方には、相手に対する想像力を一切拒絶した冷酷さを感じます。

「自殺を考えるような弱者はどうぞ1人で死んでください。ただし、私たちを巻き込むな」ということです。そこには弱い人間や、負けた人間、社会の役に立たない人間はどうなっても構わない、関わり合いたくないという勝者の論理があります。

無差別殺人の犯人の冷酷さは言わずもがなですが、「勝手に1人で死ぬべきだ」という冷酷さも、私たちは認識しなければならないと思います。そんな冷酷な意見が拍手喝采で受け入れられるいまの社会こそ、私は病理を抱えていると思うのですが、皆さんはどう考えますか?

いずれにしても、メディアを中心にして世の中が短絡的な思考に陥っているように思います。「引きこもりは犯罪の温床である」「自殺者は人を巻き込まず勝手に1人で死ぬべきである」等々。

乱暴な論調、飛躍した意見があたかも正論であるかのように流布するいまの世の中の「歪み」「おかしさ」に気づくかどうか? それがメンタルを保つための大前提になると思います。

不安と恐怖をあおったメディアの責任

短絡的な思考の例としてもう1つ。川崎の事件が起きたわずか4日後、2019年6月1日、農水省の元事務次官が自分の子どもを殺した事件がありました。引きこもりだった息子が近所の小学校の運動会の音がうるさいと「子どもたちを殺す」と漏らし、それを阻止するため元事務次官の親がやむなくわが子を殺したという事件でした。供述から4日前に起きた川崎市の無差別殺人事件を思い出し、心配になったということです。

川崎の事件の余韻が冷めやらぬ中での新たな事件で、ワイドショーなどで大きく騒がれることになります。エリートの父親が引きこもりの子どもを持ち、悩んだ上の子殺しという痛ましい事件に、同情的な意見が多かったです。

「人様に迷惑をかけるくらいなら親が責任を取るべき」「わが子を殺さねばならなかった親の気持ちはいかばかりか」……。

たしかにその通りかもしれませんが、私は少し違和感を覚えました。息子が「子どもたちを殺す」と言ったからと言って、どれだけ実行に及ぶ信憑性や可能性があったかは、報道からはまったく見えてきません。肝心の本人がすでに亡くなっているので確かめる術もないのです。

元事務次官だった父親はその後の東京地裁の判決で懲役6年の実刑判決が言い渡され、その後東京高裁に控訴しました。裁判を通じて事実が明らかになってくることで、より事件の真相や本質が見えてくるでしょう。

問題はその前、まだほとんど事実が明らかになっていない段階で、あまりにも短絡的、感情的に事件を報道するマスメディアや、それに流されてしまう世論の危うさなのです。

事件直後、ちょうど4日前に川崎の事件があったばかりとあって、報道は引きこもりだった息子に長年苦しめられてきた両親に多分に同情的なものでした。それはいたしかたないにしても、おかしいと感じたのは被疑者である父親の言動がそのまま報道され、それを前提として議論されていたことです。父親の言っていることが真実である保証など、どこにもありません。なぜなら事件を起こした当事者なのですから。

本来、事件であれば被疑者の言動がそのまま報道されることもなければ、それを前提にして判断をすることもないのです。

むしろ川崎の事件の余韻と、農水省事務次官の子殺しという特異な事件によってメディアも世論も一種の興奮状態に陥っていたように思います。

「引きこもり者は将来犯罪予備軍になる」というような偏見に満ちた報道が、引きこもりの子どもを持っていた事務次官を精神的に追い詰めていたかもしれません。そんな時に息子が暴言や暴力を働いたことで、父親の何かがプッツリと切れてしまい事件が起きた。

もしそうだとしたら、この事件が起きた背景には、マスコミの引きこもり者に対する偏見に満ちた報道や、それに安易に乗っかってしまう世論にも、責任の一端があるということにならないでしょうか？

そのようなことを顧みず、事件の真相も明らかでない段階で過剰に反応するマスコミや世論にこそ、私は現代社会の病理と危うさを感じるのです。

ラベリングによって逸脱者を作り出している

そもそも引きこもりはなぜ起きるのか？　ここを考えないと問題の本質は見えてきません。そこには成人した子どもがいくつになっても親の庇護から離れないというパラサイトと甘えの問題もありますが、同時に社会の構造的な問題もあります。

とくに若年労働層が正規雇用と非正規雇用の2つに分断され、非正規雇用者はとくに賃金も低く、仕事のやりがいを感じることが難しいという状況があります。

また、厳しいノルマや成果を問われ、ブラック化した企業の中で精神的に疲弊してしまうという状況もあります。そして、先ほど触れたように組織の中で上下左右のつながりが薄れ、それぞれがバラバラになっていることも原因の1つに挙げられるでしょう。

これらの構造的な要因が引きこもりの問題の背景にあると考えられます。ところが、それが家庭内の親子関係や、個々人のメンタルの弱さの問題などに矮小化されて論じられる傾向があります。

「ラベリング理論」をご存じでしょうか。米国の心理学者ハワード・ベッカーが提唱した理論で、社会的な逸脱行為は本人の属性によるだけでなく、それを逸脱として規定する側によって作られるとする考え方です。

つまり周囲の人間たちが「あいつはおかしい」とか「あいつは犯罪者だ」とかラベルを貼ることで、それが逸脱行為として確定してしまうというのです。

引きこもりの人たちに対するワイドショーの報道など、まさにラベリングの一種だと言えるのではないでしょうか。定職に就かず収入もなく、実家で親の庇護のもとに暮らしている人たちを「引きこもり」というひと言でまとめ上げ、社会の逸脱者と断じる。

逸脱者だと断じられた人たちは、社会の異物として排除される対象となるわけです。

「負け組」を作ることで「勝ち組」が生き残る

10数年前くらいになりますが「勝ち組」「負け組」という言葉が巷で盛んに使われ出しました。社会は経済的に恵まれる「勝ち組」と、貧困にあえぐ「負け組」の2つに分化していくということで、果たして自分がどちらの組に入るか？　と衆目を集めました。

勝ち組に入るためには何をするべきか、負け組にならないために何をするべきか——。

雑誌や単行本、テレビなどで盛んに取り上げられました。

嫌な言葉だと思いますが、最近あまり聞かれなくなったのは、すでに「勝ち組」と「負け組」が決まり、固定化したからかもしれません。

ちなみに可処分所得の中央値の半分以下を「相対的貧困」と呼び、その割合を「貧困率」と呼びます。厚生労働省が出している最新の数字は15・7％（2015年）となっています。1985年の12・0％から漸次上昇しています。

相対的貧困率が高いということは格差がそれだけ大きいということです。その昔、一億総中流と呼ばれた時代はどこに行ってしまったのか？

もはや見る影もなく、いまや日本は国際社会の中でれっきとした格差社会となっているのです。

「勝ち組」が生まれるためには、社会の逸脱者としての「負け組」が必要です。「引きこもり」がやたらと罪悪視され、社会不安の元凶のように言われるのも、逸脱者を規定し、作り上げ、排除しようとするラベリング理論で考えれば、すっきりと理解できます。

社会が二極化する中で、属性排除やラベリングが行われ、逸脱者をどんどん作り上げていく構図を知っておくことが大事だと思います。

繊細で優しい人は勝ち組になれない

このような状況の中で成功し、勝ち残っていくのはどういう人でしょうか？

芥川龍之介の「蜘蛛の糸」という小説があります。自分だけ助かりたいと天から降ろされた蜘蛛の糸にしがみつき、下から登ろうとする人たちを蹴落とす主人公の話です。

小説ではその瞬間に蜘蛛の糸はちぎれますが、勝ち組に残る人は主人公のように下の人たちを蹴落として、そのまま上がってきた人たちかもしれません。

まっとうな精神を持ち、繊細な感性を持つ人の中には、最初からその競争にすら参加しない人もいるでしょう。下にいることを甘んじて受け入れる「奥ゆかしい」人たちとも言えます。

それを意欲や向上心がないとか、主体性や積極性がないなどと批評するのはお門違いというものでしょう。

私に言わせれば現代の競争社会の中で勝ち残っている人は、特異な能力があるか、あるいは親の遺産を引き継ぎ、最初からスタートラインが違っているか、さもなければよほど図太く、図々しい人物であるかのいずれかだと思います。

現代社会のような病理がはびこる社会の中にあって、成功者の多くは「図々しい」人物だと言ってもよいと思います。それはマルクスがすでに１００年以上前に指摘したことと重なっています。

マルクスは資本主義社会の中においては、生産手段を所有する資本家と、労働力を商品として資本家に売るしかない労働者の2つに分かれると指摘しました。

労働者はどれだけ働いてもお金持ちになることはできません。それは資本家が労働者を商品と同じように扱い、できるだけ安い賃金で働かせようとするからです。この構図をマルクスは資本家による「搾取」と呼びました。

わかりやすくこの構図を解説すると、資本家は製品を作るため、工場を作り、材料を購入し、それを組み立てる労働者を雇います。この時、労働者に賃金を支払いますが、その賃金の本質は利益の分配ではありません。

それは資本家が労働者を労働力という「商品」として購入する「代金」に過ぎないのです。ところで、経営者である資本家は利潤を上げるため、できるだけ商品の原価を抑えようとします。すなわち原材料費をできるだけ安く購入する。同じように労働力という「商品」もできる限り安く買い叩こうとします。

ですからどんなに利益が上がったところで、それを労働者に分配することはありません。どんな状況であれ、とにかく安く労働力を購入した方が利益が上がります。資本家は常に利益の最大化を図り、他社との競争を勝ち抜くために拡大再生産を行おうとするのです。利益の分配は、誰とやるのか？　それは役員や株主との間で行います。労働者は人格を持たない商品ですから分配する対象ではないのです。

資本主義のこの構図を知れば、お金持ちになるには搾取する側、すなわち資本家にならなければダメだということがわかるでしょう。

ですから人間を人間として扱うのではなく、労働力商品として扱える人が資本家になれる人です。成功してお金持ちになるためには、他者を商品として扱える人でなければなりません。

そういう人はどういう人か？　人を労働力商品として扱い、平気で搾取できる人間＝図太くて図々しい人なのではないでしょうか？

資本主義の論理がむき出しになった現在の新自由主義経済の下では、繊細で優しい心を持った人が勝ち組になることは難しい。「図々しい人」ほどのし上がる。まっとうに人を人として扱い向き合える人、奥ゆかしい人ではとても勝ち組にはなれないということです。

下品な〝三かく人間〟が出世する社会

図々しいということは、言い換えれば「下品」だということでしょう。すると成功するためには「下品力」こそ必要だということになります。

その意味で言うならば、メンタルの一番の強化法は「下品になること」だということになります。ただ、それが結論であるならば、この本は必要ありません。さまざまなハウツー本を読んでもらえればいい。その中にはいかに人を押しのけてお金儲けできるか、〝下品のススメ〟のようなことがたくさん書かれています。

夏目漱石は名作『吾輩は猫である』で「三かく人間」のことを書いています。「三かく」とは、「義理を欠く」「情を欠く」「恥をかく」の「三つのかく」のこと。

主人公の珍野苦沙弥先生が、昔の下宿仲間で現在は実業家になっている鈴木藤十郎に向かって、「僕は実業家は学校時代から大嫌いだ。金さえ取ればなんでもする」と言ったところ、鈴木は「金を作るにも三角術を使わなくちゃいけないというのさ――義理を欠く、人情を欠く、恥をかく、これで三角になるそうだ」と返します。

義理と人情を欠くとは、お世話になった人の恩を忘れ、周囲の人たちに対する思いやりの心を持たないということです。恥をかくことを恐れないということは、後ろめたい行為や恥ずかしい行為も、利益があるとなれば平気で行える厚顔さを言います。

「三かく」とは、すなわち「下品」であることと同じです。お金儲けをするには「三かく人間」＝「下品」でなければできないと、漱石は鈴木藤十郎の口を使って言っているのです。

これはお金だけでなく出世も同じでしょう。私がいた外務省でも、このような「三かく人間」が大きな顔で出世していました。

「三かく人間」は無敵です。自分を縛るものや良心の呵責がないのですから、その意味では自由です。こういう人間は平気で他人を裏切り、蹴落とします。もちろん心を病むことなどありません。その分他人を病気にしてしまいますが……。

大きな組織の中間管理職以上には、「三かく人間」がたくさんはびこっているので大変です。もしも皆さんが、このような人物が目標であるならば、この『メンタルの強化書』は一切役に立ちません。

おそらく読者の皆さんは「三かく人間」でもなければ、それを目指しているわけでもないでしょう。

むしろいまの世の中にあって、どこか違和感があると感じ、適応し切れないものを抱えているのではないでしょうか？

そして時として心が折れそうになる。そんな弱さを何とかしたいと考えている人がほとんどではないでしょうか？

どうかご安心してください。だとしたら、皆さんは私の仲間です。

図太く、図々しい「三かく人間」はおそらくこのような本を手に取ることはないでしょう。この人たちは心が折れそうになることはまずない。読者の皆さんは、図々しく下品になり切れない奥ゆかしさがあると思います。

下品に落ちることなく、強く生きるにはどうしたらいいか？　この本ではそれを探っていきたいと考えています。

硬いものはいつか折れる。柔らかさこそ本当の強さ

上品さを保ちながらも強さを併せ持つ、というのはどういうイメージでしょうか？

「強さ」というと競争や試合などで「相手に勝つ」というイメージがあります。それは相手を倒すということであり、時として手段を選ばず、上品さを犠牲にしなければなりません。

社会の中の「勝ち組」になるという意味の「強さ」を求めるのであれば、前にも言ったようにほかにふさわしい解説本やハウツー本がたくさんあるでしょう。

私が考える「強さ」、この本で明らかにしたい「強さ」はそういうものとは少し違います。

それは「折れない」という意味での「強さ」です。

いまの時代、心が折れそうになる状況がたくさんあります。そんな中でも心折れることなく、たくましく生き抜く強さ、しぶとさがこの本で言うところの「強さ」であると考えます。

通常、折れないためには「硬さ」が必要だと考えます。しかし硬いものはある一定以上の力がかかれば折れてしまいます。私の考える「強さ」は硬い強さではなく、柔らかく「しなる」強さです。

柳のようにしなやかな枝であれば、どんなに強風が吹いても折れることはありません。しかし硬くて丈夫な枝は台風で折れてしまいます。柔らかさこそが、折れないという意味では本当の強さだと言うことができます。

人の心もまったく同じです。頑なな心は一見強そうに見えますが、環境が変化することで折れてしまいます。しなやかで柔らかい心は環境の変化や圧力があっても折れることはありません。

いまのような変化が激しくプレッシャーやストレスの多い時代は、硬い心よりも、しなやかで柔らかな心の方がはるかに強いのです。どんな環境でもどんな力が働いても、柔らかく曲がり、しなやかにまたもとに戻る。そんな心こそ目指すべき強さだと思います。

メンタルを強くするために必要な2つのこと

「私とは私とそれを取り巻く環境である」という言葉があります。つまり「私」は心を持っている自分自身と、自分を取り巻いている環境の2つの総体であり、相互作用であるということ。

ですからメンタルを強くしたい、心を折れないようにしたいと考えたら、やるべきことは2つあります。

1つは自分自身の内面を強くしていくこと。先ほどお話ししたように心を硬くするのではなく、しなやかに柔らかくするということ。

もう1つは自分を取り巻く環境を変えていくということ。できる限りストレスの少ない、快適な環境に変えていくことが大事です。

自分自身と自分を取り巻く環境の2つを意識的に変えていくことが、心折れずに強く生きるためには必要です。

逆に言うなら、いまもし心が折れそうなことがあった場合、その原因が自分自身の内面的な問題なのか、それとも環境の影響によるものか、あるいはその両方であるなら、それぞれどれくらいの割合なのか、それらを見極めて対処する必要があるということです。

うつ病などの場合、まさに自分が持っている内部因子と外部環境の相互作用で発症するとされています。

内部因子は遺伝的な要素が強いとされています。自分の両親や祖父母などに精神的な疾患にかかった人がいるかどうか。

もしそのような例があるのであれば、自分自身も同じような精神疾患にかかる因子が少なからずあると考えた方がよいでしょう。遺伝的にうつ病になりやすい因子を持っていると考えられます。

ただし、因子を持っていても快適な環境づくりを心がけていたら、発病しないで過ごすことも可能です。逆に因子がなくストレス耐性の強い人であっても、ハードなストレスに長時間さらされると、うつ病になる可能性があります。

私の場合、ストレス耐性はかなり高いと思っています。というのも東京拘置所というストレスの宝庫のような場所で512日間も囚われ、それでも精神的にやられずに済んだのですから。

私もさらにもっとハードな環境に長時間居続けたらうつ病を発症するでしょう。ただし拘置所以上のストレスがかかる場所はそうそうないと思っていますが……。

環境と因子の関係でだれもがうつ病になる可能性がある。発症の閾値《いきち》がそれぞれにあり、自分の耐性を意識しながら、その閾値の範囲内にいるように気をつけることが、メンタルを保つ上で大切です。

心を病んだからと言って一概に自分を責めるのも間違っているし、逆に環境のせいだけにすることもおかしいのです。

しなやかで折れない「強い心」を作るためには、自分自身の考え方や心の構え方を変えると同時に、折れにくい環境を整えるよう心掛けることが肝要です。

年収300万円の人を憎む年収200万円の人たち

環境ということを考えた時、残念ながらこれから先、良い材料はほとんど見当たりません。少子高齢化が進み、社会保障が切り詰められる中で、社会の二極化はますます進むでしょう。

年収1000万円以上の高額所得者と、年収300万円以下の低所得者層にすっぱりと分かれていくと思います。しかも年収300万円だったらまだいい方かもしれません。結婚して2人で家計収入が600万円あれば、都会でもぜいたくしなければ十分暮らしていくことができます。

問題は年収200万円、100万円という層がある程度のボリュームで存在すること。非正規採用のフリーターなどはこの範囲に入る可能性が高い。すると300万円以下の低所得層の中でヒエラルキーが生まれます。

正規社員で年収300万円少しの額をもらっている層に対して、年収200万円、100万円の層が憎しみや反感を抱くようになる。年収1000万円以上の層はもはやはるかに上すぎて、比較の対象にならないと思います。

さらに先ほど触れた80‐50問題の人たちが70になった時に、親の支えを失って収入源を完全に失い、路上生活者になる可能性があります。現在該当する引きこもり者の数は推計で61万人と言われています。その半分と言わずとも、10万人を超える人が家を失い、さまよう可能性があるのです。

その多くは都会に出てきますから、新宿など東京の繁華街の一角がスラム化する可能性があります。外国人の居住区などに隣接して、そういう場所がそこかしこに出現する可能性があるのです。

街の様子は大きく変わるでしょう。雑然としたインドのカルカッタ（現・コルカタ）やフィリピンのマニラのような雰囲気になるのではないかとさえ思います。

現状を分析すると、将来そうなることがわかっているのに、この国の為政者はほとんど無為無策です。東京オリンピックもいいのですが、まさに祭りの後、厳しい現実が一気に押し寄せてくることになるのではないでしょうか。

少ない賃金でも〝逸脱者〟よりはマシ？

私に言わせると、政府の無為無策ぶりには、逆に意図的なものさえ感じます。何も方策を打たず、あえてそういう人たちを「社会的逸脱者」として可視化させるのです。そうすることで若い人たちに無言の圧力をかけるのです。

「俺たちも、うかうかしているとあんな風になってしまう……」と焦りと恐怖心を植え付けることで、より体制内にしがみつき、社会から逸脱しないように仕向けるわけです。

そして少ない賃金であっても、まだ路上生活者のような逸脱者から比べればマシだと考えさせる。

これが昭和30年代、40年代であれば、若者たちが体制批判に走り政権が危うくなるということも十分考えられたはずです。しかしながらいまや若者自体の発想の中にそのような志向は皆無だと言っていいでしょう。

逆に厳しい時代だからこそ、自分の身の回りの生活だけを維持しようという「生活保守主義」が蔓延しています。

少し前に「東京タラレバ娘」というテレビドラマが流行りました。登場人物のアラサー、アラフォーの女性たちは理想を掲げながらも、結局結婚できずに女子会を繰り返しています。興味深いのは飲んでいる店も安い居酒屋のような店で、生活も派手ではありません。基本的に彼女たちは夢を描きながらも冒険をせず、手堅く生きる選択を続けるのです。

彼女たちの行動原理はいわゆる「生活保守主義」と呼ばれるものでしょう。派手な生活はせず支出は抑えて貯蓄に回す。バブルの頃のような消費行動とは真逆の生活です。

大きな夢を狙わずに目の前のささやかな生活を守る。会社でもとくにバリバリとキャリアを志向するのではなく、目立たず仕事をそこそこ続け、手堅く収入を確保する。厳しい時代だからこそ小さくまとまって自分の生活を守るわけです。

いまの若い人全体に、この生活保守主義が広がっているのは、ひたすら守りの態勢を貫くことで、厳しい時代をなんとか乗り切ろうとしているのだと思います。

そのような若者たちが、貧困にあえぐ逸脱者を目にしたら、ますます守りの姿勢を固めるに違いありません。実際、いま保守代表の自民党が若者世代に支持されています。安倍政権を支持するのも若年層が多い。

若い世代が変化を求めない。新しいものを手に入れるより、いま手にしているものを失いたくないと考えています。だからこそ安倍政権が支持されるのです。

このような世の中の流れの中で、さらに時代が厳しくなればなるほど、社会は閉塞していくと考えられます。何とか自分の居場所を確保できていればよいのでしょうが、少しでもそれが危うく不安定になると、不安感や焦燥感はより一層強いものになるでしょう。

親よりも低い教育しか与えられない国

随分厳しく暗い話をしましたが、私たちに希望はないのでしょうか？

そんなことはありません。厳しく困難な時代だからこそそれを乗り越えた時、新しい時代が始まり、新しい価値観が生まれてくる。むしろ新たな世界が広がる可能性を秘めていると考えています。

「夜明け前が一番暗い」と言われるように、いまはちょうど時代の過渡期であり、混乱と不安の時代なのです。戦後の日本社会の復興から繁栄を築き上げてきた体制や制度、価値観が時代の流れの中で、各所で行き詰っています。

たとえば少子高齢化で人口構成が劇的に変わる中、これまでのような社会保障制度を続けていくことは、財源を考えると厳しい状況です。税制を含めた日本の国の目指す方向をもう一度考え直す時期に来ていると思います。

日本という国を米国型の新自由主義経済の旗手のような国にするのか、あるいは政府を大きくして消費税などの税負担をアップさせ、同時に社会保障などを徹底的に充実させる北欧型のシステムにするのか。

個人的には消費税を20～25％に上げるなど税金を増やして社会保障を充実させ、生活の不安をなくす北欧型経済こそ、日本人の体質に合っていると考えます。

消費税10％で大騒ぎになっていますが、現在の日本の財政と医療や社会保障などを維持することを考えたら、増税以外に財源確保の手立てはないことがわかると思います。

むしろ増税によるメリットを明確に示し、将来この国をどうしていくのか、そのビジョンを明らかにすることが必要です。

そのためには、使途を特定してその目的のために徴収する目的税などの導入も必要だと考えます。

私なら消費税を20％あるいは25％に上げて、大学までの教育費をすべて無料にします。

私立はもちろんですが国公立の大学の授業料は軒並み上がっています。２０１６年の文部科学省の調査では、大学の年間授業料は国立大学で53万５８００円、私立大学の平均が

87万7735円となっています。1985年の授業料と比べると、私立大学、国立大学ともに約2倍になっています。

子どもを私立一貫校で教育を受けさせることなど、一般家庭ではとても難しい。いまや子どもの教育にお金を掛けるか、それともマイホーム購入かどちらかを選択しなければならない時代になっています。

親が受けた教育よりも子どもが低い教育しか受けられない社会は明らかに衰退していきます。消費税を上げることで国民が教育費から解放されれば、家計も救われ、教育レベルの下方スパイラルも避けられるのです。

国にお金を預けるという発想の転換

参考までに社会保障大国のデンマークの場合を見てみましょう。消費税率は25％、国民負担率は約70％（日本は約40％）ですが、教育費の無料はもちろん、医療費無料、出産費無料、さらに徹底した高齢者サービスが受けられます。

消費税がこれ以上、上がるのは許せない？　でも、それも考え方ひとつだと思います。というのも、ほとんどの人たちが給料を銀行などの金融機関に預けているはずです。市中銀行の定期預金金利にしても0・01％という数字では、預けていてもほとんど増えません。銀行に預けるお金を、税金として「国に預ける」と考えたらどうでしょうか？

可処分所得は減るかもしれませんが、その分生活が安定し、安心感を得られるという仕組みに変えるのです。

一般国民にとって、銀行はいまほとんど役に立っていません。彼らは国民全体から預金を集めますが、そのお金を融資などで十分に世の中に還流しているとは言えません。

お金がスムーズに流れることで経済は活性化し、財やサービスなどが充実して社会が豊かになる。それが資本主義の利点ですが、いまや肝心の銀行がお金の流れをせき止めている最大の障害になっているのです。

それどころかATMなどの手数料を徴収し、金融自由化をいいことに投資信託や保険など、リスクの高い商品を売買させて手数料収入を稼ぐ。銀行の営業マンの口車に乗って金融商品を買わされ、損をしている高齢者がたくさんいます。ここまでくると銀行はもはや社会の寄生組織になり下がった、と言われても仕方ないでしょう。

お金を出し入れする金庫の役割ならば、いまやネットバンキングで手数料も安く、24時間はるかに便利にやり取りができます。

銀行に預け、お金の力を減殺してしまうくらいなら、国に税金として納める。その分しっかりと財やサービスを受けられるようにした方が、はるかにお金を有効に活用することになるのではないでしょうか？

少なくとも銀行に預けていても教育費が無料になるわけではなく、社会保障が充実するわけでもありません。

税金と言うと、国に取られるという発想をしがちですが、国に預けてそれを最大限有効活用してもらう。それによって財やサービスを充実させ、私たちの生活の安定と安心が得られると考えれば、税金のイメージは大きく変わるでしょう。

大きな政府ができることで、ファッショ化の方に進んでしまう危険はあるでしょう。いずれにしてもどのようなお金の流れを作り出せるのか、あらゆる可能性を考えるべき時代だと思います。

厳しい時代だからこそ「束」になることが大事

ちょうどいまが過渡期なのです。夜明け前の一番暗い時間帯に入っていく時です。新しい体制やシステムが働きだすまでのしばらくの期間は、混乱と社会不安が広がるかもしれません。この期間をいかに乗り切るか？

まず、心折れずに生き抜くことが第一です。これまでも困難な時代はありましたが、ずっと暗く混乱した時代が続いたわけではありません。辛抱の時代を「しなやかに」「強く」生き抜きさえすれば、新しい時代が再び始まります。

ちなみにしぶとく生き抜くためのキーワードは何か？　それは「自助・公助・共助」と

いう言葉だと考えます。

「自助」とは自分で自分を助けるということ。自己責任という言葉は後の章で詳しく触れますが、自分で何とかする力をつけることです。「公助」とは公の助けを求めるということ。国や地方自治体のサービスを活用するということです。

そして「共助」とは仲間同士で助け合うということ。地域の仲間でもいいし、昔の学生時代の仲間でもいい。とにかく仲間同士で助け合い、支え合うということです。

3つの「助」のバランスが大事です。中でもとくにポイントになるのが「公助」と「共助」でしょう。いずれも個々人がバラバラに頑張るのではなく、力を合わせるということ。つまり束になるということです。

厳しい時代は、自分だけが何とか助かりたいと生活防衛に躍起になり、個々人がバラバラになってしまいがちです。自助も必要ですが、それだけに固執してしまうと弱くなってしまう。

そうではなく、みんなで力を合わせる。隣にいる人は競争相手ではなく、協力し合う仲間なのだと考える。厳しい時代こそ「束になる」ことです。

その発想の転換が、下品にならずに「強くなる」ためのポイントだと考えます。それがまた次の新しい時代につながっていく……。以降の章で具体的な方法を探っていきましょう。

1章のまとめ

●下品になってでも勝ち残るか、品格を失わずに働くか
●硬いものはいつか折れる。「柔らかさ」こそ本当の強さ
●3つの「助け」を借りて、厳しい時代を生き抜く

第2章

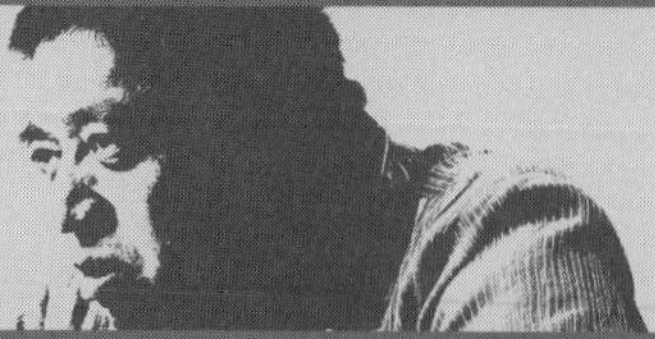

「前のめり」な生き方をやめる

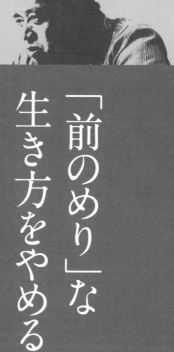

貴族のような生活をしているのに幸せでない

私が子どもの頃、コンビニエンスストアなどはまだ周囲に見当たりませんでした。当時は24時間やっているお店などどこにもなかったし、正月になるとどの店も閉まっていて、買い物も満足にできない状態でした。

それに比べるといまはちょっとした街中なら200メートルおきにコンビニがあり、24時間年中無休で営業しています。昔と比べたら格段に便利な時代になりました。

食生活も子どもの頃と比べると雲泥の差です。お酒なんて本当に限られた種類しかありませんでした。洋酒はとにかく高かった。選択肢がいまから比べると非常に少なかったと思います。

たとえばチーズと言えば四角い銀紙に包まれたプロセスチーズで、ソーセージと言えば魚肉ソーセージや真っ赤な皮のウィンナーでした。

いまはチーズと言っても本場の様々な種類のものが並んでいますし、ソーセージも多種多様です。昔はパスタなんて言葉はなくて、スパゲッティと言っていましたが、ミートソースかナポリタンしかなかった。

生活が多様化して食生活も一気に豊かになり選択肢が増えたのは、やはりバブルの時代が大きな境目だったでしょう。何かと批判の多いバブル時代ですが、飽食の時代と言われ、グルメなどという言葉が誕生したあの時代があったからこそ、日本人の食に対する嗜好が一気に多様化し、豊かになったわけです。

その背景があったからこそ、いまのデフレ経済の中で安い値段でイタリアンが楽しめるサイゼリヤや、同じように中華を楽しめるバーミヤンが生まれた。私が子どもの頃に比べたら、はるかに安くておいしいものが、どこでも食べられる時代になりました。

これは食だけでなくファッションに関しても同じです。バブルの頃、大学生がやたらとDCブランド物を身につけていたぜいたくな時代がありましたが、その時代を経ていまに至っているからこそ、ユニクロやしまむらなど、廉価なブランドでもある程度の品質を保った、おしゃれなものが手に入るようになったのではないでしょうか。

消費社会が成熟した結果だと思いますが、これだけの財とサービスが日本全国あまねく行き渡っている時代というのは、過去どの時代にもなかったことは確かでしょう。

そんな飽和した成熟社会を生きている私たちの生活水準、生活の便利度は、かつての王侯貴族と変わらないか、それ以上だと評する人もいます。

たしかにいまの時代、ちょっとお金を出せば一流ホテルや旅館に泊まり、豪勢な食事をすることができます。豪華な馬車はありませんが、代わりにはるかに機動力の高い自動車や列車、飛行機でどこへでも行くことができます。

ネットで買い物をすれば次の日にはしっかり商品が届けられますし、逆に宅配便で送れば次の日にはしっかりと届けることができます。遠くの家族や友人とネットやSNSで文字や音声だけでなく動画までやり取りができる。

考えれば考えるほど、じつに便利な時代、豊かな時代に私たちは暮らしているのです。そんな豊かさに囲まれているのに、幸福度はそれほど高いとは感じられません。これはいったいなぜなのでしょうか？

常に不安感、孤独感に苛まされている

チェコスロバキア共和国の初代大統領でトマーシュ・マサリクという人物がいます。この人は有名な社会学者、哲学者でもありました。マサリクは自殺を社会学的に研究した草分けでした。

それまで自殺の原因は貧困とされていた中で、マサリクはプロテスタント地域とカトリック地域の自殺率を調べました。するとプロテスタント地域の方が豊かなはずなのに自殺率が高いことを発見します。

マサリクは、自殺は貧困や病気という客観的な要因によって起こるのではなく、時代の変わり目で価値観が変動する時期に心の中に沸き起こる「不安」など、心理的な要因によって自殺するのではないか、という仮説を立てて検証しました。

いまでこそ心理学や社会学が発達して、「自殺」と「不安」の関係は当然のこととされていますが、当時、自殺の動機がそのような漠然とした心理的なものであるとはだれも考

えませんでした。

「不安」という心理は、私たちが考える以上に影響が大きいものです。芥川龍之介は「漠然とした不安」から自殺しましたが、中世的な神の世界から離れた近代人にとって、孤独と不安は常に付きまとう影のような存在になりました。

どんなに物質的な豊かさに囲まれていたとしても、孤独感や不安感に常に襲われている状態では、人間は幸福を感じることは難しいでしょう。

前の章で貧困率の話をしました。可処分所得の中央値の半分以下の収入の人たちを相対的貧困層と呼び、その率が漸増していることに触れました。

相対的貧困に対して、絶対的貧困があります。こちらは世界銀行の定義によると、1日1・9ドル以下の収入で生活している層ということですが、2015年の数字では世界人口の約10%、約7億3600万人がこの層にあたります。

当然、日本の相対的貧困層といえども最低保証の生活保護を受けることを前提にすれば、1日約200円（1ドル110円換算）以下という絶対的貧困の人たちは、路上生活者を除いて基本的にはいないということになります。

仮に絶対的貧困であったとしても、周りに同じような人たちがたくさんいて、コミュニティの中で協力し合う環境であれば、不安感をかなりの部分で回避することが可能かもしれません。

現に貧しい国の村に行くと、子どもたちが不幸に苛まれているかと思えば、意外にも明るく目が輝いている姿に驚くことがあります。餓死するほどの貧困は何としてもなくすべきと思いますが、絶対的貧困だからと言ってすなわち幸福感がなく、不幸であると断じることはできません。

幸福感は、不安感との兼ね合いで大きく左右されるものです。「いまのままで老後は大丈夫なのか？」という将来に対する不安感や、周りは豊かだけれど、自分はそれに比べてお金がないとか、学歴やキャリアがないという劣等コンプレックス……。

その意味では相対的貧困の方こそ孤独や不安を感じやすいと言えるかもしれません。

自殺率を見るとそのことが表れているように感じます。２０１４年の時点では日本の自殺死亡率は19・5人（10万人中）。リトアニア（30・8人）や韓国（28・5人）などに続いて諸外国比較でワースト6位という数字でした。

これだけ便利で豊かな世の中であっても、自殺率が高く自殺者が多い。マサリクの言うように、日本の社会が過渡期であり、それだけ将来に対する不安感が大きいことの証明かもしれません。

神なき後に神の位置に座ったのは誰か？

現代社会では、「不安」は幸福感を相殺する原因であると同時に、さまざまな行動のモチベーションにもなります。不安から解放されようとして、人はさまざまな行動に走るのです。

書店に足を運ぶと相変わらず自己啓発本やハウツー本がたくさん出版され人気が高いようです。中でも依然根強い人気なのはお金に関するもの。「損をしない株式投資」だとか「老後資金の作り方」といった本がたくさん並んでいます。

ある雑誌の編集長は、2000年を過ぎたあたりからとくにマネー系の企画をやると売れるようになったと話していました。キャリアアップや起業といった企画が以前ほど受けず、読者の関心は「お金」に集約されてきたというのです。

バブルが崩壊して企業業績が下がり収入が頭打ちになったということ。年金の破綻など社会保障制度のほころびが出て、将来を不安に思う人たちが増えたこと。そして2000年前後に行われた大規模な金融自由化で、さまざまな金融商品が巷に出回ったことなどが理由として挙げられます。

背景にあるのが「不安感」です。当時、グローバリゼーションの波が各所に押し寄せてきていました。日本的な終身雇用や年功序列のシステムが崩れ、米国流の能力主義、成果主義が各企業で導入されました。

小泉内閣の構造改革では金融だけでなく、労働市場も改革の対象になった。労働法も改正され非正規雇用の枠組みが拡大されました。それによって正社員と非正規社員の二極化が起き、若い世代を中心にワーキングプアという言葉が生まれました。
「勝ち組・負け組」という言葉が生まれたのもこの頃です。多くのビジネスパーソンが自分は「負け組」ではないか？「負け組」に落ちるのではないか？と不安を感じたのでしょう。

不安を解消する一番の手段がお金です。資本主義の世の中、とくに現在のような高度消費社会において、まず何より頼りになるのがお金だということ。

神なき後に神の位置に座ったのは誰か？それがお金です。資本主義経済においてはお金が最も価値と影響力を持つ。現代は「拝金教」だと言うのはまさにそのことです。

この流れからお金をたくさん稼いで成功する人がヒーローになりました。当時ライブドアの堀江貴文さんしかり、村上ファンドの村上世彰さんしかり。

それまで投資をしたことがなかったビジネスパーソンはもとより、主婦やＯＬが投資をはじめ、ＦＸなどで成果を上げ雑誌に登場するようになったのもこの頃からです。

共同体の一員から孤独な個としての存在へ

このようなお金に対するあくなき追求の裏に、現代の「孤独」と「不安」があるということをあらためて認識しておくべきだと思います。

お金を稼ごうと頑張るのは、豊かになりたい、幸福になりたいという欲望や願望があると同時に、コインの裏表の様に「孤独に対する恐れ」や「不安」があります。

このことを明らかにするために、少し歴史をさかのぼって見てみましょう。

資本主義というシステムが誕生し、大規模工場で多くの労働者が働くことになると、農村を捨てて都会に出て、工場で労働者として働くようになる人が増えます。

彼らは農村社会のしがらみから自由になると同時に、地域の共同体から分断された孤独な個としての存在となります。

彼らは自由と引き換えに、それまで直面したことのない孤独と不安に襲われます。

それまでは絶対的な神の存在——宗教が孤独や不安を和らげる力になっていました。しかし中世のような宗教的な権威はすでに弱まり、人々の中で神の存在が薄くなっていた。その神の存在に変わって登場したのが「お金」でした。お金があれば衣食住、生きるために必要なものやサービスを手に入れることができます。

不安を解消し、幸せに生きるためにお金が必要不可欠なもの、絶対的な存在になったのです。

それがまた資本の増殖＝拡大再生産を狙う資本主義には好都合なことになります。なぜなら人がお金の価値を認め、絶対的な存在とする限り、それを求めようと進んで仕事に就き、そのシステムを補強するような行動を自ずと選択するからです。

実際、労働者は資本家の搾取に遭いながらも、生活するためにお金を稼がなければならず、そのシステムに依存するしかなかったわけです。

なぜ、このような昔の話をするかと言うと、マルクスがすでに150年前に資本論で喝破した資本主義の本質とその構図が、いまもなお変わることなく続いているからです。

むしろマスメディアやインターネットなど高度情報化社会になって、より複雑かつ高度に構造化されている。本質をわかりやすく捉えるために、あえて時間をさかのぼり、シンプルにお話をしたということです。

いずれにしても資本主義の発達の裏側には、近代特有の「不安」と「孤独」があります。そしてそれを利用し、かつ増長させる形でいまの社会も経済システムも成り立っている。「孤独」と「不安」は近代以降の資本主義社会を生きる、私たちの持病のようなものだと言えるのです。

30代から老後の準備を始める女性たち

先日、30代の独身の女性編集者が興味深い話をしていました。彼女が言うには、「いまから老後の準備をしている」と。どんな準備かと聞くと「60歳から老人ホームに入る」と言うのです。

まだ若いのにもう老人ホームに入ることを考えているとは驚きました。聞けば、その老人ホームは都心にある高級ホームで、生活に必要なあらゆる設備が整っているそうです。食事をする場所は当然のこと、温泉やプール、スポーツジムからお店までなんでも揃っているとか。

彼女は60歳になっていきなりそこには住まわなくても、近所にマンションを借り、その施設を生活空間として活用し、しかるべき年齢に達したら入居するという計画を立てているのです。

60歳から老人ホームに入るのは本人も抵抗あるし、周囲もなんだ? と思うでしょう。老人ホームのそばに合わせてマンションを借りるというプランが商品としてあるのだそうです。

ただし、そこに入るには入所金が一時金だけで4000万円もかかるそうです。彼女がなぜいまからそれを考えるかと言うと、ローンを借りるにしても35年ローンで組むと考えると、35歳が限度。だから決断を急がなければならないということでしょう。

通常は、まず家を買うことを考えますが、いっそ老後、人生の最後のところまで一気に計画してしまおうということです。

彼女は結婚をしないと決めたわけではありません。もし適当な男性がいたらしたいと考えているようですが、面倒な男と無理に結婚して後々苦労するくらいなら、独身生活でも構わない。その場合を見据えながら、終の棲家をすでに探し、計画を立てたわけです。

35歳から老後のことを考えるのは早いと一瞬は思いますが、早いうちに将来を確定させれば、それが不安をなくし心の安定につながる。あとはその分仕事などに没入できると考えれば、それもありだと思います。

また別の独身女性は、老後、友人女性とシェアハウスのようなところに住む計画を立てていました。玄関は別で普段はお互いのプライベートを保ちながら、気心の知った者同士、時には一緒に食事をしたり、テレビを見たりしながら時間を過ごすのだとか。

年をとってなにかと不自由が出てきた時に、お互いが近くにいて助け合うことができる生活というのはいいと思います。

やはり女性の方がシビアに将来を考えているのかもしれません。セロトニンという不安感を解消する脳内物質があり、その分泌が男性に比べ女性は少ないので女性は不安を感じやすいという説もありますが、私は与しません。

ちなみに脳科学というのは脳の構造や脳内ホルモンなどで人間の精神活動のすべてが説明できるという前提に立っていて、私は少し引いた目線で見ています。これもまた、理屈ですべて説明しようとする近代の病理の表れではないかとさえ感じます。

男性と女性の不安の感じ方の違いとその理屈が正しいかどうか別にしても、女性の方が現実的で将来のことを細かく考えている人が多いのは事実のようです。

そもそも「不安」になるということは、それを解消するために行動を起こすことにつながります。「不安」を感じるべき時に感じないと、対応が遅れ致命的な状況になる可能性もあるわけですから、「不安」は生存競争の中で勝ち抜き、自分を守るための本能的な反応でもあるのです。

変化の多い時代、価値観が大きく変わる時代に人々が不安に陥るのは、ある意味当然でまっとうな反応だと言えるのです。

お金の不安につけ込んだ商品、サービス

ただし、問題は現在の資本主義社会、高度消費社会の中で、不安を煽り、恐怖心を抱かせることで商品を売りつけようとする輩が後を絶たないことです。

お金の不安につけ込んださまざまな詐欺的な商品はその典型例でしょう。ネットを利用した情報商材と呼ばれるものはその1つです。

「月収100万円が可能になる!」とか「私はこうして○億円も稼いだ!」といった誇大なキャッチで釣り上げ、ほとんど実効性のない、いい加減な手法を販売するものです。

PDFなどにまとめて、メールで送るだけですから原価はほとんどゼロに等しい。これが数千円から数万円で売られています。そのほとんどが利益ということになります。

さらに次の段階の情報が欲しかったら会員にならなければならず、どんどんお金が掛かる仕組みになっていたりします。

中にはねずみ講のようなシステムになっているものもあり、裾野が広がるほど、トップ

の人間たちは潤うけれど、後から入ってきた人たちはなかなか儲からない。

怖いのは1度情報商材を購入すると、その業界でリストが交換されていて、似たような情報商材の広告メールがたくさん送られてくること。まさに彼らからしたらカモであり、おいしい顧客ということになります。

情報商材には投資や起業、ギャンブルなどのお金儲けや成功ハウツーのほかに、育毛やダイエット、異性にモテる方法など、いわゆるコンプレックスにつけ込んだものもあります。

このような情報商材は極端な例ですが、不安や悩み、弱みにつけ込むというのは企業が情報社会、消費社会のもとで利益を上げるための鉄則のようなものです。

たとえば雑誌のマネー特集などでどんなことを言っているか？「預金するだけでは引き落とし手数料だけで損をする！」とか、「低金利時代は投資をせずに何もしないことのリスクの方が高い」など、投資をしないといかにも乗り遅れ、損をしてしまうようなことを書き立てます。

だれもがこれからは投資をする時代のように感じ、何かしないといけないという不安感、焦りを覚えます。そして、不安を解消し、安心を得るために金融商品を買うのです。

ただし、株式にしてもＦＸにしてもその道のプロが、独自の情報ソースを確保し膨大な情報を抱えながら、まさに真剣勝負でやっている世界です。

プロの世界に資金力も、情報力や経験値もない素人が飛び込むわけですから、当然結果は見えています。マスメディアは成功者ばかり取り上げますが、その陰にどれだけの敗者、犠牲者がいるかについてはほとんど取り上げません。

そもそも雑誌やテレビ番組にはスポンサーが不可欠で、広告を出している業界に対して批判的な記事は書けません。広告を打つというのは消費者に自社とその商品を宣伝するという目的だけでなく、お金を出すことでマスメディアの批判の目を摘むという目的もあるのです。

いずれにしても、消費者を脅しに近い文言で不安に落とし込み、それによって商品やサービスを購入させるというのは、いわば企業の常套手段と言ってよいでしょう。マスメディアを中心にした、膨大なコマーシャリズムの蔓延によって、私たちは日々脅され、不安を掻き立てられている状態と言ってよいのです。

このような慢性的な不安感の中で、しだいに精神がすり減り、うつ病や自律神経失調症など、心の病に陥っていく。資本主義社会が成熟するほど心を病む人が増えるというのは、そんな構図もあると考えます。

教養を身につけないと生き残れない？

最近、本屋でもよく見かけるのが「教養」をテーマにした本です。私自身「教養」という言葉をタイトルに使っている著作がいくつかあります。

だからこそ残念なのですが、どうも最近、「教養を身につけなければこれからの時代は生きていけない」というような強迫的ニュアンスで語られていることが多いように感じます。

私はこの状況を、「脅迫としての教養」という言葉で表現しているのですが、ついに教養そのものも、現代の商業主義の中で、「脅し」の材料になり果ててしまったようです。

本来、教養は精神的なゆとりの中で育まれるものだと考えます。不安を解消するために身につけるものではありません。教養はそれを身につけようとして得るものではなく、結果として身につくものだと考えます。

「脅迫としての教養」は教養そのものが目的ではなく、将来のポジションを得るため、より高い収入を得るためといった別のところに目的がある。教養を手段として見ているわけです。

そのような「脅迫としての教養」は、いまやさまざまなところで垣間見えます。その1つが講座ビジネスです。

これからは語学、英語が話せないとビジネスで生き残れないとか、編集力が大事だとか、そうかと言えば国語力が大事だとか……。

実際、私も著作でこれからのビジネスパーソンは数学と国語ができなければならないと書いていることもあり、大きく間違ってはいないのです。しかしそれを強調することで、不安に陥らせ、そこから結構お金がかかる講座を受講させるのは問題です。

さらに問題なのは、その料金設定です。一般の大学の公開講座だと、3〜5回のもので数千円くらいが平均でしょう。

それがたとえば、回数がもう少し多いにしても数万円から10万円を超えるようなものであれば、しっかりと内容を吟味して果たしてそれだけの金額に見合うものかどうかを判断しなければなりません。

大学の公開講座や図書館などの公共施設で定期的に行うセミナーなど、いろいろな講座を確認し、内容と講師の顔ぶれ、回数や時間などをチェックしましょう。するとおおよその相場観のようなものがつかめてくると思います。

悪質なセミナーになると、さらに詳しく学びたい人は上級クラスがあり、どんどんお金を取られる仕組みになっていたり、付属の教材費が高く出費が予想外にかさむケースもあります。

私も勉強会やセミナーなどをやっていますが、基本的に無理のない常識内の料金設定でやっているつもりです。もちろん、少数精鋭で本当に特化した内容にしたい時は単価を多少上げざるを得ませんが……。いずれにしてもそれで大きく利益を出そうとしてやっているわけではありません。

しかし「講座ビジネス」となると、売り上げと利益が最大の目的ですから、話がおのずと違ってくるのです。

よくあるのが食事会です。著者や著名人と一緒に食事をするだけで数十万円もかかるものがあります。価値観は人それぞれですから、文句なく払うという人がいればそれはそれで問題はないでしょう。

しかしあまりにえげつない料金設定をしているものを見ると、どうなのかと突っ込みたくなる時もあります。

「脅迫としての教養」はこれからもいろいろ形を変えて登場してくると思います。そういうものに簡単に流されないよう、引いた目線で眺める癖をつけてほしいと思います。

「前のめりな生き方」は他者に利用される

情報感度の高い人ほど、世の中の動きに乗り遅れると大変なことになると危惧し、知らないうちに流行やコマーシャリズムに乗せられてしまいます。

本当は他者の思惑に乗せられているのですが、そういう人に限って自分で選択した行動だと思い込んでいるふしがあります。そしてなんでも先取りしている自分に満足していたりします。主体性があるようでない。能動的に活動しているようでじつは受動的。

これを「前のめりな生き方」と私は称しているのですが、情報社会の中で何かに突き動かされるようにして前に前にと進んでいく。常に前傾姿勢で進み、倒れる前に足が出る感じ。そのままどんどん加速して、わき目も降らずに突き進んでいくイメージです。

そういう人はどうなるか？　スピードが加速度的に上がっていき、最後は次の足が出るのが間に合わず倒れてしまうか、あるいは何か障害物にぶつかってしまう。つまり挫折したり、メンタルを病み、自滅してしまう。そんな人が少なくないように思います。

私は「立ち止まることができる力こそ教養である」と考えます。前のめりに突き進むのではなく、周囲の人たちが、社会が前のめりになって同じ方向に突き進んでいる時、「ちょっと待てよ」とか「あれ？　おかしいぞ」と立ち止まることができるか？

たとえば少し前にある官僚のセクハラ疑惑が報道されました。それに付随して、その官僚の情報が出てきました。いかにもその官僚が特殊で異常性があるかを知らしめるような情報で、多くの人が「こんな人間ならやりかねない」と非難しました。

しかし、よく考えるとその官僚の情報はいったいどこから出てきたのか？　本人が自分にとって不利なプライベート情報を流すわけがありません。彼が勤めていた官僚組織の本体からリークされたものでなければ知られないような情報もある。

私自身もかつて外務省に属していて、痛い目に遭った経験があります。組織が自らを守るために、時としてあらゆる手段を取ることを、私は身に染みて知っています。おそらくこのケースも、世間の非難が役所の構造的な問題に及ぶ前に、先手を打ったのでしょう。

つまりこの官僚がいかにも特殊でおかしな人物であるかのような情報操作を行い、周囲の目線をそちらに誘導することで、非難の矛先を変えたのです。役所の組織の問題ではなく個人の資質や性質の問題に矮小化したわけです。

霞が関のお役所はよくこうした情報操作をします。マスコミにリークしたり、ネットを使って意図的に特定の情報を流すのです。その情報に喜んで飛びつき鵜呑みにしてしまうと、まさに彼らの思うツボというわけです。

「前のめり」に情報に飛びつくと、ミスリードされてしまいます。そこで立ち止まって、「そもそもなぜこんな情報が出てくるのか？」「どこから流された情報なのか？」「その目的はどういうものか？」と考えることが大事です。

なぜいま、あおり運転が増えているのか？

最近、あおり運転のニュースがやたらと流されます。あのような危険な運転は以前もあったはずです。ここのところやたらと報道されるのはどうしてか？　何かほかに理由があるのかもしれない。そう考えてニュースを見ていると、また違ったものが見えてきます。

あおり運転のニュース映像はすべてドライブレコーダーありきです。報道を見るにつけ、誰もが「ドライブレコーダーをつけないと危ない」と考えます。

ドライブレコーダーは安いもので1万円程度で付けることができます。映像が証拠になるだけでなく、抑止力にもなる。実際車の後ろに「ドライブレコーダー搭載車」と明示している車もあります。

一方、最近テレビニュースで防犯カメラが犯人や事故現場を捉えている映像が頻繁に流れます。街中のいたるところに防犯カメラが設置され、事故の原因解明や犯人逮捕など警察の捜査に大きな力となっています。

もし、街中を走る車にすべてドライブレコーダーが付けられたら？　現在日本中に二輪も含め約8000万台もの車が登録されています。8000万個のドライブレコーダーが日本全国を走り、各所を撮影することになる……。

ドライブレコーダーは道路だけでなく、歩道や街並みの様子も映り込みます。何か事件が起きた時、警察は犯人の行方を追うのに、聞き込み調査をする前に、防犯カメラの映像をチェックする。同じようにその時近辺を走っていた車のナンバーを調べ、そのドライブレコーダーをチェックする。捜査の大きな手掛かりにも、また犯罪現場の証拠にもなります。つまりドライブレコーダーは防犯カメラの役割も担うということになります。

いま防犯カメラが街中いたるところに設置され、監視社会の危険性が指摘されたりしています。８０００万台までいかずとも、その半分の車に取り付けられたらどうなるでしょうか？

おそらく警察の捜査力は各段に上がるでしょうが、同時に私たちの日常生活が膨大な数のカメラによって録画され、監視される。そんな可能性もあり得るということです。

ちなみに最近は「防犯カメラ」と呼称されていますが、一昔前までは「監視カメラ」と言うのが一般的でした。「防犯」と言うといかにも社会の役に立ちそうです。「監視」と言うと、なにやらキナ臭い。

ちょっとした言葉の言い換えにも、何か意図があるのか？　かつて第2次大戦中、日本軍が米軍の反撃に遭い、南方戦線から撤退した時、大本営はそれを「転進」と言い換えました。言い換えることで真実や本質を隠すということはよくあることです。そんなところにもスルーせずに「立ち止まる」ことが大事になると思います。

官僚たちは知っていて、黙っている

「前のめり」で生きていると損をしてしまうこともあります。たとえば職業選択の場面で流行りに乗ってしまうと思わぬ落とし穴にハマる危険があります。

少し前に注目を浴びたウェブデザイナーですが、いまやさまざまなソフトが出てきており、自分である程度のものが作れるようになりました。ウェブデザイナーだけで食べていくというのは大変なのではないでしょうか？

同じようにいまもてはやされているデータサイエンティストという仕事があります。ビッグデータと呼ばれる膨大なデータを収集、整理し、意味づけを行い、その結果を事業戦略まで活かすというのがデータサイエンティストの仕事とされています。

いま各企業でこのデータサイエンティストの仕事が重要視され、もてはやされていますが、この状況がいつまで続くか、私は怪しいと見ています。

というのも、AIがさらに発達すれば、ビッグデータの管理を統括的に迅速に行えるようになるかもしれません。おそらくいまデータサイエンティストのやっている仕事の多くをAIが取って代わることになるでしょう。

霞が関の役人などのエリートたちは、何年後にAIがどの程度浸透し、社会がどう変わるかをしっかりと見極めているはずです。なぜならそれに関わる法律を彼ら自身が作っているからです。そしてそれに合わせた社会体制をどう再構築するかまで、すでに織り込み済みでしょう。

いま、その手の内のすべてをバラしてしまうと、あっという間にデータサイエンティストがいなくなってしまうかもしれない。過渡期の状況としてはそれも困ります。ですから彼らは10年後の世の中を知っていながら、あえて言わないことが多いと思います。

データサイエンティストもそうですが、とくに最近誕生した新しい職種は、ＡＩ化の進展でいきなりその意味や役割を失ってしまう可能性が高い。

新しい仕事、注目されている仕事だからと、「前のめり」になってそのための勉強を何年もかけてやると、思わぬムダ足を踏まされる結果になる。そうしたリスクがあることを知っておいた方がよいでしょう。

「自己責任論」が生まれた背景とは？

リスクの話が出たので、それに関係する話をします。２０００年を超えたあたりから、米国流の新自由主義的な考え方が日本に流れ込んだことはすでにお話ししました。その時、セットで取り上げられたのが「自己責任論」です。

じつはこの「自己責任論」に振り回される形で、さまざまなものを抱え込み、心を病んでしまうケースが少なくありません。

「自己責任論」が持つ矛盾と、それを振りかざす論者たちの本当の思惑を知ることで、心の病に陥るスパイラルから脱することが先決だと考えます。

まず「自己責任」が声高に言われ始めたのが、２０００年前後の金融業界でした。金融自由化で銀行をはじめ金融機関はさまざまな商品を扱えるようになります。そしてリテール部門、個人顧客の開拓に力点が置かれるようになりました。

ここで「自己責任論」が出てくるのです。要は顧客が購入した金融商品が元本割れをした際、その責任をだれが取るのかという問題です。当時金融機関はバブル処理がまだ完全に終わっていないところもあり、決して安定している状況ではありませんでした。

まして護送船団方式が解除され、諸外国の金融機関も含めた競争の激化が予想されました。リテール部門での責任をいちいち追及されたらたまったものではありません。先手を打って自己責任という言葉を出してきたと思われます。

その論理はこうです。まず、商品にリスクがあることを自分たちはしっかりと説明する責任を果たす。購入する方はその説明を聞いた上で、自分で判断する。だから結果に対しでは「自己責任」を取らなければいけないという論理でした。

一見、至極当然のようにも聞こえるところがミソなのです。しかし言葉の意味をしっかりと吟味したら、この「自己責任論」がおかしいことがわかります。

まず、彼らの言う「自己責任」とは、英語で言うところの「own risk」です。すなわち「危険の負担」であって、責任の概念とは違うものです。

own riskとは「自分で利益を求めようとして自分で決定した場合には、予期せぬ不利益（リスク）も併せて背負わなければいけない」という考え方です。

これは株式投資などで資本を調達する資本主義の大前提であり、あらためて自己責任などといういかめしい言葉を出す必要などありません。「商品購入の際はリスクも併せて負担しましょう」ということでいいのです。

欧米には自己責任という言葉はない

そもそも「自己責任」という言葉自体がおかしな言葉です。まず、「責任」という言葉は英語でresponsibilityと訳されますが、そのもとはラテン語のrespondereだとされます。その本来の意味は古代ローマにおいて、法廷で訴えられた人物が自分の行為について説明したり弁明したりすることを指しているとされます。

また近代の市民革命によって市民が自由を獲得した際、「自由」の行使には「責任」が伴うとされました。「自由なきところに責任なし。責任なきところに自由なし」と言われ、「自由」と「責任」は表裏、セットの概念となりました。

先ほどのラテン語の意味と合わせると、「責任とは自由意思に基づいて行動した結果に対して、その本人が他者に対して説明し、しかるべき対応をすること」、というのが近代以降の「責任」の考え方です。

ですから欧米で責任（responsibility）と言った場合、他者とのコミュニケーションが前提とされます。なぜなら説明義務が生じるのは本人であることは自明ですから、改めて「自己」をつける必要がないからです。

さらに言えば、「own responsibility」という言葉もありますが、日本語の責任とはニュアンスを異にする独断という意味です。このような言葉をあえて掲げなければならない状況自体がすでに不自然であり、おかしいのです。

この不自然な言葉である「自己責任」が、やたらと使われた場面がもう1つありました。それが非正規雇用の拡大の場面です。小泉内閣の時に行われた労働法の改正で、非正規雇用の枠組みが広げられました。それによって非正規雇用が一気に増え、ワーキングプアなどの問題が噴出しました。

当時、年末の日比谷公園などに、ネットカフェで寝泊まりする非正規雇用者や路上生活者が集まり、ボランティアの人たちから炊き出しを受けている光景がニュースになったのを覚えているでしょうか？

その時にしきりに論じられたのが「自己責任」という言葉です。彼らは職業選択の自由の中であえて非正規雇用を選んだのであり、その結果に対する責任は当然彼ら本人にあるとされました。

あるいは正社員になれなかったのは自由な競争の中で彼らが努力することを怠り、しかるべき能力を身につけてこなかったからで、それも自己責任だというものでした。

努力しなかったことの責任が問われるのはおかしい

当時はいろんなところで「自己責任」という言葉が使われました。職場でもプライベートでも、「自己責任でやってくれ」とか、「自己責任をきちんと果たしてください」などと、猫も杓子も「自己責任」という言葉を使っていました。

その言葉とともに使われるようになったのが「努力」という言葉でした。先ほどのワーキングプアも、結局彼らの「努力」が足りないために非正規雇用で働かざるを得なかったのだから、それは「自己責任」だという論理です。

「自己責任」はいつしか「自助努力」とパラレルで語られるようになりました。いかにも新自由主義的な発想だと考えますが、ここにこの問題のすり替えがあると思います。

そもそも前に見たように、「責任」という概念は「自由」という概念とはつながっていますが、「努力の有無」とはまったく関係のない概念です。

「努力しなかったことの責任が問われる」としたら、それはいったいどういう社会なのでしょう？　もちろん「努力しなかった結果はしっかりと受け入れなければならない」という道義的な理屈は成り立っても、そこに「責任」が生じるという理屈は、あまりにも飛躍があります。

ところが当時、このような論調が声高に叫ばれていました。努力一筋で成功したという、某飲食店のオーナーが脚光を浴び、努力することで自ら道を切り開くことができるという風潮が蔓延しました。それは同時にワーキングプアの人たちは自ら努力を怠った結果であり、それを受け入れるのが当然であるという風潮を生み出しました。

新自由主義的な競争社会においては、まさにそのような考え方がフィットするのだと思いますが、私から見ると随分乱暴な意見であり、本質をはき違えた論理です。

努力は本人が自主的、主体的にするものであって、第三者が努力しろと強制する権利は本来どこにもありませんし、努力しなければいけないという義務など存在しないのです。当然そこに責任など生じるものではありません。

そもそも、「責任」は「自由」と表裏だとしたら、雇用者と被雇用者ではどちらが自由度が高いでしょうか？　マルクスは資本家は生産手段を持っていて、だからこそ労働者よりもはるかに有利で自由な立場に立っていると言います。

マルクスを引き合いに出さずとも、普通に考えて会社の経営者とその下で従業員として働く人たちのどちらが自由度が高いかと聞かれれば、さまざまな力を有している経営者の方がはるかに自由度が高いと答えるでしょう。

自由と責任は表裏一体だとするならば、自由度の高い雇用者の方がより責任が大きくなるということは当然の帰結です。

さらに言えば、資本家は労働者を労働力という商品として扱うことで搾取を行うわけです。

雇われた人たちが労働力という商品であるとしたら、そもそもそこに「自由」があるでしょうか？　労働力を商品化し、搾取が行われている構造の中で、労働者は自由意志を持った存在とは到底言えません。「自由なきところに責任なし」です。

そう考えるならば、正規雇用と非正規雇用の二極化によって起きるさまざまな出来事に対して、本来責任を持つべきは雇用者であり、資本家の側だという結論になるはずです。

私は、非正規雇用者に向けられた「自己責任論」は、雇用者側が本来取るべき責任を、自由度の少ない弱者に転嫁する「責任転嫁論」にほかならないと考えます。むしろ「自己責任」を追及されるべきは雇用者側ではないでしょうか？

流動性が高く、いつでも辞めさせることができる安い労働力を必要としていたのは、雇用者の方です。自分たちの都合で仕組みを変えておきながら、その責任を被雇用者に押し付けるというのは、二重の意味で厚かましい。それこそ「下品」なやり方です。

ことほどさように、世の中は下品力溢れる人たちの厚かましい論理が、あたかも正論のようにマスメディアに乗って流布されるのです。この転倒した世の中で、下品になり切れない多くの人たちが、心を折り、心を病んでしまっています。

ですが、世の中の構造やカラクリを解きほぐし、その欺瞞や嘘を知ることで、少しは心が軽くなるのではないでしょうか？　少なくとも自己責任論のようなめちゃくちゃなロジックに振り回される必要などないということが、わかっていただけると思います。

キリスト教では不完全な人間の責任を問わない

このようなことも、「前のめり」になっているとよくわからないでしょう。テレビ番組などで有名な評論家が、「これからの時代は自己責任の考え方が大事です」などと解説していると、ついそのように考えてしまう。

努力しない人は社会から落ちこぼれても仕方がないと言われたら、なるほど社会の流れに振り落とされないようにとがむしゃらに頑張ってしまう。

しかし、世の中で言われていることが本当に正しいかどうかはわかりません。むしろいろんな思惑の中で、ある一部の人間たちにとって都合のいい論理が先行していることも多いのです。

言葉は悪いのですが、少し不真面目に、斜に構えてものを見るくらいでちょうどよいかもしれません。ただし、本当に斜に構えてしまうと、斜めから物事を見続けているうちに、見方が歪んでしまうということもあるでしょう。

そこで「人よりも半歩遅れて進む」という考え方をお勧めします。世の中の流れと一緒になって、前のめりに進むのではなく、あえて「半歩遅れて」物事を見るのです。

少し引いて物事を見ることができますから、全体像がよりはっきりとわかります。そうやって少し時間を稼いで判断する。テンポの速い時代はそれくらいがちょうどいいのです。

「前のめり」でがむしゃらに頑張っても、気がつくと誰かの思惑に都合よく踊らされている可能性もあります。そして知らずのうちに心身ともに疲弊してしまう。

個人的には、いまのような閉塞感あふれる世の中では、むしろ中世的なものの考え方が、突破口を開くことになりうると考えます。神のような宗教的権威が中心であった中世の論理は、近代以降の合理性重視の時代の論理とはかけ離れた部分があります。

　中世の論理を知ることでいまの社会の価値を相対化し、より広い視座で物事を判断することができるようになる。凝り固まった思考を和らげ、心を強くするきっかけになるのではと考えます。

　先ほどの「責任」という考えも、キリスト教的にはまったく違った捉え方をします。キリスト教では人間は堕落した存在であり、到底自由を与えられるべき存在ではありません。「自由」がもともと与えられていないのですから、「責任」など人間には最初からないということになります。

　逆に自分のしたことに対して「責任」を取ろう、あるいは取れると考えること自体が、愚かで不完全な人間の傲慢なのです。

　実際、責任が取れるほど、人間はまっとうでもなければ力もありません。3・11の福島第一原発の事故の、あれだけの被害の責任を誰が取り切ることができるでしょうか？　たとえ死んでお詫びをすると言っても、地上に放射能は残り続けるのです。

第2次大戦で世界中で起こった悲劇の責任を、特定の人間が背負い切れるものではありません。

人間は不完全で愚かであるから、必ずどこかで失敗し、罪を犯します。その時に神に向かってrespons、すなわち弁明することは許されています。そして神の前で反省し、悔い改めることだけが求められているのです。

では、人間の罪の責任はだれが負うのでしょう？　それは人間を作り出した神が自ら負うのです。神の子イエスがゴルゴタの丘で自らの命を捧げたのは、まさに愚かな人間の罪を贖《あがな》うためでした。

そんな視点から改めて世の中を見ると、巷間言われている「自己責任論」など、なんともちっぽけでつまらないものに思えてこないでしょうか？

愚かな人間は互いに手を取りあうこともなく、取ることもできない責任を勝手に作り出し、それによって同胞をおとしめ、自分だけが這い上がろうと足掻《あが》いているのです。なんとも哀れで滑稽な姿に見えてきます。

現代社会の価値観にどっぷりつかっていると、えてしてその価値だけが唯一のように錯覚してしまいます。しかし、視野を広げ、時間と空間を広げてみれば、考え方や価値観、生き方の解は決して1つではないことに気がつくでしょう。

世の中から半歩遅れて進む。そして時には時空を超えた価値観に触れる。それが心を柔らかくし、強くする奥義だと考えます。

2章のまとめ

- **便利で豊かなのになぜ、幸せでないのか?**
- **「前のめりな生き方」は他者に利用される**
- **自己責任という言葉に惑わされてはいけない**

第3章

折れない！ 疲れない！
自分のための働き方改革

「時短ハラスメント」で心が折れてしまう

「働き方改革」が叫ばれている昨今、大事になってくるのが仕事との距離感です。その距離感を間違えると、ストレスになったり過重労働になったりして、心身の健康を害してしまいます。

仕事とどう向き合っていくか？　自分の立ち位置と目指す方向性をはっきりさせる必要があるでしょう。というのも、政府が進めている「働き方改革」に盲目的に従っていると、5年後10年後に思わぬ方向に流されてしまう危険があるからです。

2019年4月1日から働き方改革関連法が順次施行されました。大きな柱は3つです。1つは時間外労働の上限規制が導入されたこと。月45時間、年間360時間を原則上限としています。

2つめは有給休暇を確実に取得すること。毎年5日間は時期を指定して有給休暇を取らないといけないことになりました。

3つめは正規雇用と非正規雇用の不合理な待遇差の禁止です。これは「同一労働同一賃金」を原則にして、基本給はもちろん、賞与など個々の待遇においても、不合理な待遇差をなくすというものです。

ビジネスパーソンの日常の仕事の仕方にまず影響するのが、最初の時間外労働の上限規制でしょう。時間外労働に関しては、じつはこれまでも36協定によって制限がありました。雇用者が法定労働時間（1日8時間、週40時間）を超えて労働をさせる場合、労働者と書面を交わして協定を結び、それを労働基準監督署に届けなければなりませんでした。

その際の所定外労働には上限があり、1か月45時間、1年で360時間までと決められていました。ただし、この36協定には抜け道があり、労使間で合意があり特別条項として記載があれば年6か月間は実質上限なしで残業が認められていたのです。

今回の「働き方改革」では、この抜け道がふさがれました。すなわち特別条項の記載があっても、年6か月間の上限規制として年720時間、複数月平均80時間、月100時間未満という条件が付与されました。

しかも今回の「働き方改革」には違反した場合、罰則も決められています。たとえば前述の所定外労働の上限を守らなかった場合、6か月以下の懲役または30万円以下の罰則が設けられているのです。

時間外労働はもちろん少ないに越したことはありません。ただし、人員削減や人手不足で、1人当たりの労働量は増えているとされる中、時間外労働を制限されることでさまざまな問題が出てくる可能性が指摘されています。

いわゆる「時短ハラスメント」と呼ばれるもので、持ち帰り残業や、上限規制に入っていない休日出勤が増えるのではないかといった問題です。そもそも短い時間で多くの仕事をこなすということは、生産性を上げなければいけないということです。

OECDのデータを基にした日本生産性本部の調査（2018年）によると、日本の時間当たり労働生産性は1時間当たり47・5ドルで、米国（72・0ドル）の3分の2で、加盟国36か国中20位という数字になっています。昔からつき合い残業など、日本人の働き方自体が労働生産性を低くしているという指摘がありました。

上司が残っていると部下は仕事が終わっていても、なかなか「お先に」と帰れない。日本の職場独特の雰囲気が生産性を落としていた部分も確かにあります。そのような悪癖を改め、労働生産性を高めることが働き方改革の主眼の1つであるわけです。

いっぽう先ほど触れたように、人件費削減で人手が足りない中、1人当たりの仕事の量と負担は増えているという現実もあります。そういう会社や部署では今回の規制によって残業が制限され、負担がさらに大きくなるという懸念があります。

これも先ほどの非正規雇用のケースと同じく、下手をすると働く側の「自己責任」論が持ち出され、個人の能力の問題に矮小化され、すり替えられる恐れがあります。

「時間内に仕事ができないのは個人の問題だ。どうすればいいか、わかっているね」と暗に持ち帰り残業を強要され、常態化する。そしてできなければ「能力が足りない」というひと言で、さまざまなプレッシャーとストレスをかけられる。これがまさに「時短ハラスメント」です。

「働き方改革」によって心が折れてしまうことにつながる可能性があるのです。

エリート社員は残業できないと困る？

今後自分はどのような形で仕事を続けるのか？　立ち位置と方向性をはっきりとさせる必要があると思います。というのも、働き方改革においては、総合職、一般職、それから専門職によってそれぞれ対応の仕方が変わってくるからです。

総合職は会社の将来を担っていく立場を目指し、係長、課長、部長と昇進し、最後は役員までをも目指すキャリア志向の職種です。一般職はそのようなキャリアを目指さず、総合職の付随業務や事務作業を担当する仕事になります。

かつては総合職と一般職に分かれているのは女子社員だけでしたが、現在は男性もどちらかを選択することができるようになりました。

厚生労働省が２０１５年に発表した「コース別雇用管理制度の実施・指導状況」によると、２０１４年４月の総合職の採用比率は男性約８割、女性約２割、一般職では男性約２割、女性約８割となっていて、年を追うごとに男女の比率が近づいていく傾向にあるようです。

「働き方改革」は、建前上はすべての労働者を対象にしたものだとされていますが、その内容を見ると、一般職と総合職の7、8割方を対象にしているものではないかという気がしています。

というのは、総合職の中でもいま会社はかなり早い段階から幹部候補を絞り込んでいます。この絞り込まれた超エリートにとって、働き方改革の残業時間の制限は、ある意味迷惑なものになっているのです。

彼らはさまざまな仕事を覚え、内外の人脈を築き、キャリアをアップさせるため、多くの時間を仕事に費やします。将来昇進し、会社を背負っていくつもりの彼らは、残業などいとわない人がほとんどです。むしろ残業という概念さえないと言う人もいます。

将来のポストを確保するため、彼らの間での競争は激しく、とくに仕事を覚えなければならない20代から30代にかけては競争相手に負けないためにも所定内の時間では到底追いつきません。働き方改革に従って残業をせずに済む状況ではないというのが本当のところではないでしょうか。

今回の働き方改革で一律に規制をかけた場合、これらの超エリートたちが困ってしまうという事情があります。このような層に対し会社はどう対処するのか？　もちろん表向きは「働き方改革」の枠組みの中で仕事を与えるということになるでしょう。ただし、聞くところによれば、すでに幹部候補たちの特別のメニューがあるそうです。

たとえば休日は勉強会と称して有志の形で集まり、さまざまな勉強や研修を行う。あくまでも有志なので会社の集まりではないのですが、上司と若手エリートたちすべて会社の人間で構成されているので、ほぼ仕事の延長です。

そのような形を取らない限り、まっとうに幹部候補生を育成することができない。一般職と普通の総合職のグループと、幹部候補のグループとのダブルスタンダードが、社内で生まれる可能性があります。

ですから、総合職で働いている人は今後の出世に対するスタンスを決める必要があります。役職定年まで仕事ができて、そこから先はリタイアしてもいいというスタンスなのか。

それともそこから先、さらに本部長や執行役員、その上まで目指すのか。いずれを目指すかで仕事に対する向き合い方が大きく変わってくるでしょう。

役職定年まででいいという人であれば、働き方改革の範囲内でうまく仕事をこなしていくことを考える。それ以上を目指している人は、その流れとは違う別の働き方をしなければならないかもしれません。

いずれにしてもゼネラリストとしてトップを目指す人は、本業の仕事が好きで、趣味と仕事がほぼ一致しているような人でなければ務まらないでしょう。

「一般職」「専門職」として働く場合の人生戦略

一方、一般職の人はどうかと言えば、これは完全に働き方改革の流れの中で、それに準じる形で仕事をこなすことを最優先に考えるべきでしょう。残業を一切しなくて済むように、自分なりに工夫し生産性を高めるのです。

もはや上司が会社に残っているからと言って、つき合い残業をする必要もありません。会社だけでなく社会全体がそのような流れに入っているので、遠慮する必要はありません。仕事はあくまでも収入のためと割り切り、9時～5時の仕事の間だけ仕事に没頭する。

仕事に楽しみを見出さない代わりに、プライベートの時間をいかに充実させるかがポイントになります。趣味やサークル活動、場合によっては本業に差し障らない範囲での副業も考える。

職場以外の活動の場を広げ、総合職で働く人たちとは違った人生設計を描くことができるのが、一般職の人たちの強みでもあります。一般職を男性が自ら望むということは、ひと昔なら想像できなかったことですが、今後はこうした選択も十分にあり得るし、1つの立派な生き方だと思います。

むしろ総合職でラインの上での競争に明け暮れ、結局役職定年でラインから外されてしまうのは淋しいものです。ひたすら仕事に打ち込んできただけに、いまさら別の居場所や人間関係もなく、60歳、65歳まで昔の部下の下で雑用をやらされ、細々と再雇用契約でしがみつかざるを得ない。

そんなことを考えたら、はるかに一般職で戦略的に人生設計をした方がいいと考えることもできるでしょう。

ただし一般職は、総合職ほど給与は高くないのが一般的です。ほぼある程度の年齢のところで昇給はストップします。結婚してダブルインカムで稼げば都会でも生計は保てると思いますが、支出の力点を子どもの教育費に置くならば住宅を、住宅に力点を置くなら子どもの教育費を削らなければ生活設計が成り立たないということも考えられます。

これが専門職になると、また対応の仕方が変わってきます。こちらはスペシャリストを目指しているわけですから、いまの会社にずっと所属しているかどうかもわかりません。将来的に転職や独立も視野に入れながらの仕事になるでしょう。

ただし、自由度が高く仕事ができるということは、それだけ高い専門性を有していなければならなくなります。ある分野におけるオーソリティになるくらいのものがないと、専門職として仕事を続けるのは難しい。

それだけにスキルアップのための時間が必要になります。そしてある程度実力がつけば、今度は引く手あまたになり、忙しい。ですから仕事の内容によっては時期などによってばらつきがあるとはいえ、かなりの残業を強いられることになると思います。

以前なら36協定の特別条項に記載があれば、6か月間に関してはほぼ青天井で残業ができましたが、これからはそれが難しくなります。

なんとか既定の範囲内で仕事をこなしながら対応する以外にないのですが、この職種の人たちも、総合職でトップを目指す人たちと同じく、仕事がそのまま楽しみや趣味という人が多いのが特徴です。

この職種の人たちは基本的に残業が苦になりません。ですから自ら進んで持ち帰って仕事をするという場合もあるかもしれません。

そうやって仕事のスキルを高めつつ、より良い条件を探すという仕事の仕方になる。また、場合によっては独自のスキルを活かして副業をする人もいるでしょう。昨今は会社が副業を認め、むしろそれを勧めるケースが出てきています。

いずれにしても専門職の人は、表向きは働き方改革の流れに沿いながら、自分流に仕事を進めていくことになると思います。この人たちの強みは、体が丈夫であるうちは、そして求められるスキルがあるうちは、ずっと働き続けることができるということです。

仕事が自己実現になっている人が多いでしょうから、仕事を続けられるうちは張り合いを持ちながら生きていくことができる。退職金などは総合職よりも少なくなるかもしれませんが、お金では得られない仕事と人生の満足感を得やすいのも専門職の人たちかもしれません。

総合職、一般職、専門職で「働き方改革」に対する向き合い方も変わってきます。ポイントはどの職種、どの働き方が正解というものではないということ。それぞれに一長一短があり、それに応じて働き方や人生設計があるということです。

最もよくないのはそれらを意識せず、漠然と総合職で仕事をしながら、一般職的な時間の使い方をしてみたり、逆に一般職でありながら無理のある人生設計を立ててみたりと、軸がぶれてしまうことでしょう。

どうもいまの「働き方改革」のやり方を見ていると、そこらへんの棲み分けや違いを意識せず、一律に規制しようという動きが強く感じられます。それだけに働く人たち自身が考えて、自分なりに対処しないといけないと思います。

自分はどういう働き方を目指すのか？　総合職で最後までラインの競争の中で勝ち抜くことを目指すのか？　総合職ながら適度なところで落ち着くことを目指すのか？あるいは一般職として仕事はお金を稼ぐ手段と割り切り、仕事とプライベートをきっちり分けるのか？　それとも専門職としてスキルをアップして自分の腕で食べていくのか？それぞれに厳しさが違い、それぞれにストレスやプレッシャーの質が変わってきます。大事なことは、自分で選んだコースを明確に意識して、覚悟を持って臨むことでしょう。

意識も覚悟もなく漠然と仕事を続け、働き方改革の波の中で流されてしまうと、気がついたら自分の望みとはどんどんかけ離れたところにいってしまう。余計なストレスをため込み、心が折れてしまうことにもつながりかねません。

仕事の「快適度」と「達成度」でタイプを診断

ここで、読者の皆さんにやって見てもらいたいマトリックス診断があります（119ページの図）。

横軸に仕事の快適度を取り、縦軸に仕事の達成度を取ります。それぞれ5段階評価で診断し、評価が最も高い場合は5点、最も低い場合は1点とします。いずれも3点のところを中心に交わるようにグラフを作ります。すると仕事の達成度と快適度で以下の4つの領域に分かれます。

仕事の達成度が高く、かつ快適度が高い⇓**ハイパータイプ**（第1象限）
仕事の達成度が高いが、快適度は低い⇓**ワーカーホリックタイプ**（第2象限）
仕事の達成度が低く、かつ快適度も低い⇓**バーンアウトタイプ**（第3象限）
仕事の達成度が低いが、快適度は高い⇓**マイペースタイプ**（第4象限）

このマトリックスで、あなたはどの位置にいるかを確かめてみてください。たとえば仕事の達成度が5点で快適度が2点だった場合は「ワーカーホリックタイプ」。仕事の達成度が1点で快適度が4点だった場合は「マイペースタイプ」となります。

さて、あなたはどのタイプになったでしょうか？

まず真っ先に問題になるタイプは「バーンアウト（燃え尽き）タイプ」でしょう。この領域の人はすでに心を病んでいる可能性があります。仕事に対するモチベーションが保てず、仕事に没入することもできない状態です。

とくに点数が両方とも1点の場合には、すでに軽いうつ病や自律神経失調症などの症状が出ているかもしれません。無理せず専門医に相談してみることを勧めます。まだまだ大丈夫などと言っているうちに、症状が進行し悪化させてしまう可能性があります。

「ハイパータイプ」はいいとして、次に問題になるのは「ワーカーホリックタイプ」か「マイペースタイプ」か、どちらだと思いますか？

あなたの働き方はどのタイプ？
「達成度」×「快適度」で診断！

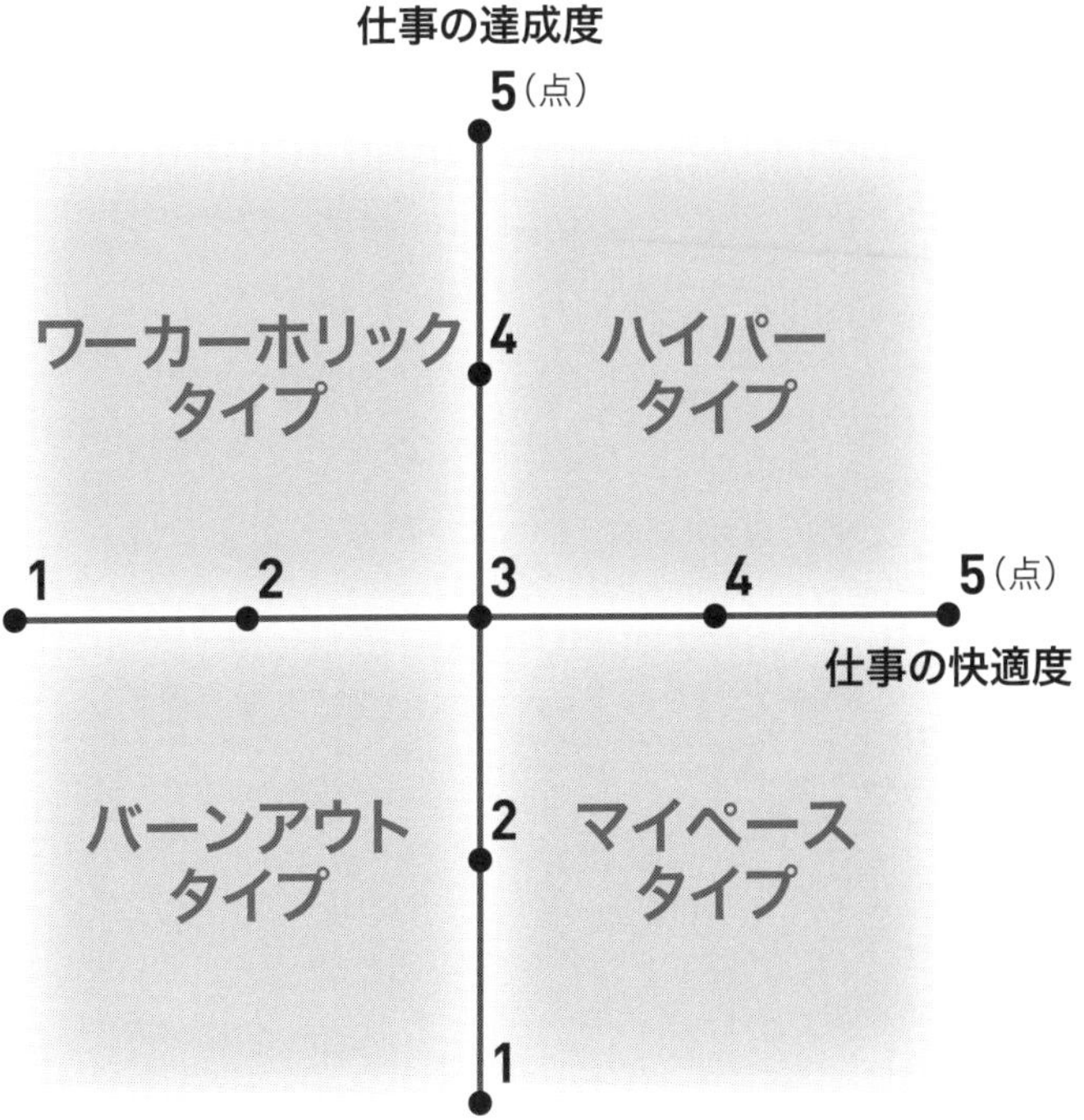

「ワーカーホリックタイプ」は仕事の成果は上がっています。いっぽう「マイペースタイプ」は仕事の成果が上がっていません。ですから生産性や売り上げという視点で見ると、明らかに「マイペースタイプ」の方が問題社員だと考えがちです。

ところが本当の問題社員は、「ワーカーホリックタイプ」の方なのです。というのも、このタイプは、たしかにいまは成果を上げているかもしれませんが、仕事に対して面白みを感じておらず、無理して頑張っている人が多いのです。

こういう人は肉体的にも精神的にもすり減ってしまい、いずれ「バーンアウトタイプ」の方へと流れていく可能性があります。いわば「バーアウト予備軍」と言ってもいいでしょう。

とくに仕事の達成度が5なのに対して、快適度が1というように、ギャップの大きな人は危険な状態だと言えます。それだけ無理して頑張っているということであり、ストレスが閾値を超えて、一気にバーンアウトする可能性が高いのです。

いっぽう「マイペースタイプ」は、成果こそいまの段階では上がっていませんが、仕事が快適であると感じていて、仕事自体が嫌いだとか苦痛だと感じているわけではありません。こういうタイプは、ひょんなきっかけで成果を上げ、「ハイパータイプ」に変わる可能性があります。

自分自身でマトリックス判定をして、自分がどのタイプであるかを確認しておきましょう。そして「バーンアウトタイプ」はもちろんですが、「ワーカーホリックタイプ」も自分の働き方を見直して、これ以上の負荷を自分にかけて、心が折れてしまわないように気をつけることが必要です。

国民を心配しての改革か、それとも……？

「働き方改革」がなぜいまになって声高に叫ばれるのか？　いまのままの仕事の仕方を続けていたら、おそらく多くのビジネスパーソンがワーカーホリックに陥り、バーンアウトしてしまうことが目に見えているからです。

うつ病や自律神経失調症のような心の病に侵されてしまう人が増える。そんな人が巷に溢れたら、日本も日本経済も大打撃を受けることになります。「働き方改革」は日本国民全体をマトリックスの左側から右側へと大移動させる試みとも言えるでしょう。

この民族の大移動とも言える改革の過程で、さまざまなところにきしみが生じ、ほころびが出てくる。それが先ほど指摘したサービス残業の地下化だったり、超エリート層の働き方のダブルスタンダードの問題だったりします。

とはいえ、「働き方改革」は流れとしては間違いではないと考えます。そこで言っていることは世界的な潮流に沿ったものでもあります。

やはり日本的なつき合い残業やダラダラ残業はなくして、できる限り9時~5時で仕事を終わらせる。精神的にも肉体的にもすり減らさずに仕事をするのが、大多数のビジネスパーソンにとってよいことだと思います。

社会全体が成熟し下降していく中で、仕事に向き合う姿勢も自ずと変わっていく必要があります。

ただし、お上からの改革はあくまでもお上にとって都合のいい改革であることは言うまでもありません。一見、働く人たちの自由や権利を守ろうとしているかのように見えますが、その本音と目的は超高齢化社会、少子化社会がさらに加速する中で、いかに健全な労働力を継続的に確保するかということに尽きます。

ただでさえ労働力が減っていく中で、途中で燃え尽きてしまわないように、細く長く働いてもらう。それが労働力確保の意味でも、医療費や社会保障費などの削減の意味でも必要不可欠な命題なのです。

さらに勘繰るなら、今回の改革は総合職的に働く人たちの多くを一般職化するための布石ではないかということです。多くのビジネスパーソンが9時~5時の労働が基本になります。有給休暇をきっちりと取り、擦り減らない範囲で働かされます。そして一部の超エリート層、幹部候補だけが隠れた違うルールで仕事をする。

非正規雇用と正規雇用の賃金格差の撤廃も、実質は正規雇用の賃金が非正規雇用の賃金に近づくということになるかもしれません。そうなると、一部の高額サラリーをもらう超エリート層と、最低賃金より少し上位の大多数の一般職的社員に二極化する。つまり正規雇用社員の仕分けと二極分化が進むということになります。

国家も大企業も、そしてお役所も、国民1人ひとりの健康や幸せを願うというよりも、国家や企業としての活力をどう維持していくか？ それが最大の関心事なのです。それゆえ彼らはつねに現実を、労働力や経済力というマクロな数字＝抽象的な概念に置き換えて考える。そういう体質と癖を持っています。

ですから国民1人ひとりのミクロな利害と、国家としてのマクロな利害がぶつかった時は、国家は迷わずマクロな視点、マクロな利害を優先します。

働き方改革で働く国民を幸福にするというのは、あくまでも建前であることを肝に銘じておきましょう。

日本経済を守るために中小企業を潰す

いやなことばかり言うようで気が引けるのですが、このままいくと1930年に起きた昭和恐慌のような中小企業の倒産がたくさん起きるかもしれない。そんな懸念を抱いています。昭和恐慌の直前、政府は生産性が低く競争力の低い中小企業をあえて淘汰する措置を取りました。

当時の濱口雄幸首相は金解禁の際、通貨を意図的に円高に設定し、輸出企業が打撃を受けるように仕向けました。生産性が低く、競争力の弱い中小企業の多くを倒産させ、そのスクリーニングによって生産性の高い企業が残り、国際競争力を高めることを目指したのです。

ところがその直後に起きた世界恐慌によって、さらに企業の倒産が相次ぎ、街には失業者が溢れました。「大学は出たけれど」という言葉が流行語になるほどの就職難の時代。いまはまだそこまではありませんが、やがてそのような時代が来るのではと思わせるような兆候がいくつかあります。

その1つが政府がしきりに勧めている賃金引上げの施策です。厚生労働省のHPを見てみると、「雇用・労働」の「賃金　賃金引上げ、労働生産性向上」のページに、最低賃金制度の項目があり、その中で最低賃金については、「年率3％程度を目途として、名目GDP成長率にも配慮しつつ引き上げていく」としています。

同ページではさらに賃金引き上げも含め、とくに中小企業における生産性を向上させるべく、さまざまな支援が紹介されています。

賃金アップと生産性の向上は、デフレ経済脱却を狙う安倍内閣の成長戦略のポイントでもあります。しかし「働き方改革」も含め、それらのことは中小企業にとってはほとんど死活問題となっています。

賃金引き上げは労働者にとっては一見歓迎すべきことに見えますが、じつは真の狙いは競争力が低く、労働生産性の低い中小企業の淘汰であると見ています。まさに先ほど触れた昭和恐慌直前、競争力の低い中小企業を戦略的に潰したのと似ています。

賃金アップもそうですが、残業時間の制限、有給休暇の取得、正規雇用と非正規雇用の賃金格差の撤廃など、中小企業から見たらいずれもクリアするのが大変な項目が並んでいます。

「働き方改革」はそういう意味で見ると、単に国民1人ひとりの働き方を変えるだけでなく、日本の産業構造全体を変える大きな狙いと戦略の中で作られたものだと考えられます。かなりの荒療治ですが、それくらいの変革をしなければ少子高齢化でシュリンクする経済を保っていくことが困難だと見ているのでしょう。

そしてひと握りのハイパー層を作り、そこに富と実権を集めることで、厳しい国際競争を乗り切ろうという目論見だと思います。

少なくともいまのまま進んでいけば、遠くない将来、そのような国家になっていくはずです。その現実を直視することで、未来をシミュレーションする。それが心を折れないようにすることにつながると考えます。

いずれ正社員の非正規化が始まる

仕事環境はこの先5年から10年ほどで激変すると思います。生産性の低い中小企業は淘汰され、生き残った企業によって寡占化が進む。それまでの賃金引上げの流れも寡占化が進めば、再び状況が変わってくると見ています。

正規雇用と非正規雇用の賃金差がなくなり、一般職的な仕事が多くなる。ベースアップや昇給がなくなり、賃金が非正規雇用の方に引っ張られるという下方圧力がかかるでしょう。

あらゆる業種で賃金の頭打ち、あるいは引き下げが起きる。するとどうなるか？　足りない分を副業で稼ぐという時代が来るでしょう。企業の側も副業を前提にして採用する。むしろそうして収入源を複線化してもらった方が、自分たちの負担が少なくてすみます。

つまり、実質的に正規社員の非正規化であり、労働力の流動性が高まることになります。いまの状態がこのまま続けばおそらくそのような働き方になる時代が来ます。本業だけでは多くの人が生活が厳しくなる。副業が当たり前の時代がやってくるのです。

パソコンがこれだけ普及し、より一層ＩＴ化が進めば、職種によっては会社に来て仕事をする必要もなくなるでしょう。週1回ほど会社に集まり会議をする。あとはそれぞれが自宅で仕事をして成果給で賃金を受け取る。一種のフリーランス契約のようになっていく仕事もあると思います。

ちなみにフリーランスも二極化が進むでしょう。その人自身のスキルと才能を生かし、他者との差別化ができている人は収入がどんどん高くなると思います。

いっぽうでそこまで差別化できないフリーランスの場合は、むしろ企業や組織の下請け的な仕事が中心になり、どんどん単価を下げられてしまう。生活するためには膨大な量の仕事をこなさなければならなくなります。

フリーランスが自由だと思ったら間違いで、やはり私たちのような作家であっても版元（出版社）や編集者の人たちとのつき合いやしがらみから逃れられません。

むしろサラリーパーソンの方が顧客や得意先など、仕事上のつき合いを絞り込むことができます。フリーランスはそうは行きません。それこそ幅広く人脈を広げていかねばなりません。

ストレス度はどちらが高いか一概には言えませんが、少なくともフリーランスだから自由だという安直な考えは事実とは大きく違っているということです。

そのような厳しい現実が待ち構える中で、私たちはどのように働くべきなのか？　政府が進める「働き方改革」とは別に、私たち自身が自分の働き方を見直し、環境の変化に対応した独自の「働き方改革」を行わなければならないと考えます。

厳しい時代だからこそ、徹底して上に行くことを目指すという選択も人によっては当然ありでしょう。総合職で入って幹部候補を目指す。ただしそこからは厳しい競争に明け暮れる日々が待っています。

座ることができる椅子の数は限られています。その限られた椅子に座ることができるのはほんのひと握り、1パーセントにも満たない確率でしょう。

最後に幹部として、役員のような形で残れるようなハイパーエリートはいったいどれくらいいるでしょうか？　偏差値で考えるとわかりやすいと思います。ハイパーエリートはおそらく偏差値75以上のクラスでしょう。全体の０・３から０・５％くらいの人たちです。

そして普通のエリートと呼ばれる人たちが5から10％くらい。偏差値で言うと65以上になるでしょうか。

この偏差値は学力だけでなく経済力とかそういうものも含めた総合的なものだと考えてください。分布をわかりやすくイメージするためにあえて偏差値を出してみました。いずれにしても、総合職としてポストを目指すというのがこれくらいの層でしょう。

その中での競争は熾烈を極めます。勝ち抜くのはその中の一部です。ほとんどがその前に脱落し、役職定年で子会社に行くなどラインから外されてしまいます。激しい競争の中でバーンアウトし、うつ病になってしまう可能性もあります。

１割のエリートを除くほとんどの人は、総合職的な採用であったとしても、今後は早い段階からラインから外され、一般職的な仕事の進め方に近い立場に追いやられる可能性があります。この中で生き残るのもかなり大変なことです。

極端かもしれませんが、イメージするならかつてのＯＬの雇用に近くなる可能性もあります。彼女たちはいわば結婚までの腰掛で、30歳を過ぎたら「お局」として煙たがられました。これからは男性社員の多くも、40歳くらいで役職定年のような仕組みになり、外されていく可能性があります。

賃金が高くなり、組織の負担になる前に新陳代謝で若い人と入れ替える。その線が、これまでのような役職定年どころか、グッと前倒しになる。外れた人は会社を去るか、残っても雑用のような仕事になってしまうかもしれません。

この線を乗り越えて先に生き残っていくには、やはりある程度の実績がなければなりません。会社が求めているのは何と言っても数字です。売り上げや利益にしても、顧客獲得にしても、数字を出さなければ認められません。

大きな成果を狙う必要はありませんが、損益分岐点を意識して、それをクリアする仕事の進め方をしましょう。営業職であれば新規顧客の開拓で一気に成績を上げることを狙うより、手堅く商品を購入してくれる既存顧客との関係をしっかり保つ。

もちろん会社の方針もあるでしょうが、基本は損益分岐点を超えることを目指す。ホームランを狙わずヒットでも四球でもいいので出塁すること。出塁率をアップさせる仕事の進め方がこれからの時代には合っていると思います。

　そして与えられた仕事はきっちりとこなす。期限付きの仕事であれば、まず期限を守ることが最優先です。多少アウトプットの質が落ちたとしても、仕事の期限を守らないというイメージがつくよりはマシでしょう。

　とにかく、大きな成果を狙って頑張りすぎ、バーンアウトしないことです。バーンアウトしてうつ病などにかかってしまうと、企業は即、戦力外通知を出すでしょう。頑張った結果がそれではあまりにも割に合いません。

　前に紹介したマトリックスで説明するなら、「仕事の達成度」は普通の3点で保ちつつ、「仕事の快適度」はできる限り右側の方、3点以上に寄せておく。「仕事の快適度」の横軸右側のライン上で仕事をする感じでしょうか。

　理想としては「マイペースタイプ」が精神衛生上は望ましい。ただし、それこそ右肩上がりの時代ではありませんから、気楽に仕事をしていて生き残っていくことは難しい。最低限の成果をクリアすることをまず目指しましょう。

明日できることは今日やらない

これからは個々人の生産性が厳しく問われます。いかに要領よく仕事をこなすか――その部分の評価の比重が高まるでしょう。「あいつは残業せずに9時～5時で帰るけれど、仕事はきっちりこなしている」というのが最高の評価になる。

仕事の要領の良さは、優先順位をいかに明確につけることができるかということでもあります。仕事を重要度と緊急度の2つに分け、重要度が高く、かつ緊急度の高い仕事からこなしていく。いずれも低いものは当然後回しにする。

これらが整理されず混沌としているために、仕事の順番を間違えている人が結構います。そういう人はじつは生真面目な人が多い。どんな仕事も先延ばしにしてはいけないと考えて頑張ってしまいます。

そうではなくて、「明日できることは今日しない」というのがポイントです。明日できる仕事は明日に回し、どうしても今日しなければならない仕事を優先する。残業をできるだけしないようにする「働き方改革」にも適合した考え方です。

先延ばしにできることはできるだけ先延ばしにしましょう。その意味では図太く、ズルくなることも大事です。このことは、そのまま精神衛生にもつながります。

そもそもどんなに大変な仕事でも、整理してみると優先順位とやるべき手順が見えてきます。それが見えればクリアするイメージも自ずと湧いてきます。不安や強迫観念にとらわれることなく仕事をこなすことができるはずです。

優先順位をつけることが苦手な人は、紙に書き出して可視化することをお勧めします。仕事の重要度と緊急度のマトリックスを作り、仕事を仕分けてみましょう。さらに、その仕事の締め切りを明確に書き出して比較してみる。するとやるべき仕事が時間軸の中で遠近感を持って見えてくるはずです。

また、生産性を上げるためには、仕事の細かいムダを省くこともポイントです。仕事をする上での最たる時間のムダは、書類を探す時間です。机の上、引き出しの中はできる限り整理しておく。そして書類や資料はＡ４の封筒にまとめ、時系列で1番下の引き出しに手前から新しいものを入れて並べて置くのです。

私の場合、経験則から下手にテーマなどで分類するより、時系列で並べた方が探しやすいと自分でわかっています。もちろん仕事の内容や仕方、性格や特性はひとそれぞれですから一概には言えませんが。

古くなって奥の方にしまわれた書類は、半年とか1年ごとに見直し、その間使わなかったものはどんどん捨てていきます。1年以上見ていない書類や資料はまずそのあとも見ることはありません。

ノートや手帳も1冊にまとめて、すべてを1冊のノートを見ればわかるようにしておきます。私の場合は、日記から語学の勉強、スケジュール管理も、すべてコクヨのＡ４の100枚（200ページ）のキャンパスノートにまとめています。

逆に言えば、このノートに書かれていないことはどこにも書かれていないので、ほかの書類やノートを探す必要もありません。それだけでもずいぶん時間と労力の節約になっています。

パソコンの中のデータ整理も、むやみにフォルダ分けをしません。すべて1つのフォルダにしまい込む。書類が必要な場合はキーワード検索すれば出てきます。

フォルダ分けすると見た目はいいのですが、フォルダ自体がどこへ行ったかわからなくなったり、間違えて違うフォルダに放りこんでしまうと、探すのにひと苦労することになります。

書類や資料を探す時間を極力減らすことが、日常の仕事の効率アップにつながります。

やる気が起きない時は身の回りを整理する

しっかりと整理をしながらも、ポイントは整理術に必要以上に凝らないことです。整理が目的になってしまうのは本末転倒ですが、えてしてそうなりがちです。あくまでもムダを省き、仕事の効率を高めるための整理だと肝に銘じましょう。

アバウトでいいと思います。きっちりと整理する必要はありません、どの書類がどこにあるか？　文房具ならどの引き出しか？　おおよそ検討がつけばいいのです。きっちりやりすぎるとかえって探す時に面倒になるというのは、パソコンのフォルダ分けなどを見ればわかるでしょう。

身の回りの環境を整理することで、作業の効率が高まるとともに、自分の頭の中も整理されスッキリします。混沌としたものがなくなれば、先ほども話したように精神衛生上も大いにプラスの影響が生まれます。

ですから精神が不安定だとか、やる気が起きないという人は、まず机周りや部屋など、身の回りの整理整頓から始めてみることをお勧めします。

それも一気にやろうとか、徹底してやろうとしないことです。そうすると負担に感じてしまいます。中にはそのプレッシャーから整頓できないという人もいます。

今日はとりあえず引き出しの中だけとか、本棚の一部とか、少しずつ進めていくやり方がよいと思います。

私の場合、朝は5時前には起きて電子新聞をチェックし、その後朝刊を読み、原稿執筆にかかります。頭のクリアな午前中は、頭を使うアウトプットを中心にあて、午後は読書などのインプット、あるいは人と会う時間に設定します。

このようにパターン化することで習慣にしてしまう。この習慣化というのも仕事の効率を高める上でも、また精神衛生の上でも大きなポイントだと考えます。

習慣化するというのは、考えなくても行動することができるということです。何か新しいことを始めようとすると、精神的なプレッシャーがかかり、どうやったら達成できるか、失敗したらどうなるかなど、頭がフル回転します。

最近の脳科学の研究によれば、脳はできる限り怠けようとする器官らしい。怠け心に負けないためには相当の意志力が必要になります。習慣化された行動は、ほとんど考えなくてもよいので意志力を必要としません。

ちなみに意志力というのも、最近の研究ではその人ごとに決まった量があり、使えば使うほど減っていくものだそうです。そして休憩したり睡眠によって補充されるといいます。ですから、ある閾値を超えると、意志力が働かなくなってしまう。行動を習慣化すれば、脳を使うことも意志力を消耗することもありません。まさに省エネであり、効率的です。

仕事の仕方もできるだけ習慣化してしまうことがポイントです。そのためには毎日のタイムスケジュールもできる限り習慣化しておく必要があります。

朝起きて会社に行き、仕事をして夜また就寝する。一連の流れをできるだけパターン化できるものはパターン化する。それによって脳を疲れさせず、心の健康にもプラスになる。自分の仕事の流れを振り返り、できるだけパターン化しましょう。

仕事の前に必ずコーヒーを飲むとか、新聞をチェックするとか、何か儀式的なことも仕事をする上でのアクセントやリズムにつながります。

そうやってパターン化、習慣化することで、疲れずに、効率的に仕事をすることができるようになるはずです。

余計なエネルギーを使わない働き方を目指す

いずれにしてもこれまで話してきたことに共通するのが、シンプル化ということでしょう。「仕事ができない人は、単純な仕事を複雑にする。仕事ができる人は複雑な仕事を単純にする」という言葉があります。

要領よく仕事をこなす人は、このシンプル化ができている人だと言い換えてもいいかもしれません。

シンプルにするということは、その仕事の目的がどんなもので、その目的を達成するにはどうすればいいかを明確にするということです。

明日までに今月の部署の営業成果を、資料をつけてまとめておくよう指示されたとしましょう。上司に確認してそれが社内の資料であり、会議ではなく打ち合わせで必要だということであれば、資料の見せ方のこまごましたところにこだわる必要もありません。必要最小限のデータとその結果、結論が明確であればいい。

ところが余計な情報を盛り込んだり、体裁や見え方にやたらとこだわったりする人がいます。仕事を複雑化し、労力を余計にかけてしまっているわけです。

こういうムダをできるだけ排除するべく、「仕事のシンプル化」を意識して徹底させることが必要です。

同じことが職場の人間関係についても言えます。これらの人間関係はとにかくシンプルにすることが第一です。

仕事での目的を達成するのに、相手とどういう関係を持ち、どう協力し合うのが最も合理的か。それ以外の余計な関係性を付随させることは、ムダを生み出すもとになりかねません。

まず大前提は、良好な関係を築くこと。そして信頼関係を築くことです。余計な気を遣うこともなく、仕事がやりやすくなります。

よくないのは衝突することです。組織の中でぶつかってしまうと、なにかと仕事がやりにくくなります。余計な心的エネルギーも浪費してしまいます。相手に思わぬところで足を引っ張られてしまうリスクもあります。

良好な関係であればスッと物事が運ぶのに、関係性が悪くなると一気に環境が複雑化します。疑心暗鬼になり、同じフロアにいるだけで気になってしまう。この複雑化によって無駄な労力や仕事が飛躍的に増えるのです。

どんな相手であっても、まずは良好な関係を築くことが大切です。その上で信頼関係を構築できればさらに自分にとってプラスになります。

組織の中で生き残るには、「味方を増やし、敵を減らすこと」が重要です。敵を減らすためには、戦って排除するというやり方もありますが、それは先ほどのようにかえって事態を複雑化させるリスクが高い。仲間になってしまうことが大事だということです。

その意味で、組織の中で敵にしてはいけないのが上司です。どんなに個人的に好きになれない上司であっても、険悪な関係になり、衝突してしまったらそれこそ仕事の環境は一気に悪化し、複雑化します。

組織というのは基本的に上司の味方だと考えましょう。組織の力がバックにある人物には到底かないません。

最近はパワハラやセクハラで部下が上司を訴えるケースもあります。だれが見ても明らかなハラスメントをしているということであれば、表向きは会社も部下の方を向き、その上司を左遷するなど罰するかもしれません。

しかし、その部下の方も将来的には会社からスポイルされるというのが現実なのです。そのように直訴するタイプの人間、上に歯向かう人間を、組織は基本的に歓迎しません。

とにかく自分の環境が複雑化しないようにすることを最優先しましょう。仕事でのつき合いだと割り切って、どんなに肌の合わない上司であっても、尊敬できない上司であっても、良好な関係を目指すのです。

私たちが自分を守るためにできることは、できる限り自分の周りの環境をシンプルにして、仕事や生活がしやすいものにしておくということでしょう。そのためには人間関係もできるだけシンプルにしておくことです。

最悪の事態を想定しておけば慌てずに済む

いろいろと厳しい話を続けてきましたが、やはりこれからの時代、心を折れないようにするためには、現実をしっかりと認識する必要があります。それもできるだけ厳しい状況を前提にして考える必要があります。

「悲観的楽観論」ということです。最悪の事態を想定し、そのシミュレーションをしておけば、どんな事態が起きたとしても慌てず、パニックになることなく対処することができます。

それが結果的に心をしなやかにし、強く生きることにつながると考えます。

さまざまな世の中の構造を理解すること、そしてその本質を理解できれば、どんなに世の中が混乱し、混沌とした状態になっても、冷静に状況を分析し、これからどういう事態が起きるかを想定することができます。

この章では「働き方改革」を含めた私たちの働く環境の現状と、今後の可能性を解説したつもりです。

厳しい時代が到来するのは避けられないのですが、ただし同時に私たちの歴史を振り返ると、世界恐慌や世界大戦、バブルの崩壊からリーマンショック、そして東日本大震災などの天変地異まで、あらゆる困難に直面しながらも、再生し甦ってきました。

厳しい現実を知ると同時に、歴史を知ることで、私たちは心折れることなく、難局に立ち向かう力を得ることができると思います。

3章のまとめ

●仕事の「達成度」と「快適度」のバランスを見直してみる
●頑張りすぎない。ある種のいい加減さも必要
●余計なエネルギーを使わない働き方を目指す

第4章

心が折れた時の動き方・考え方

「助け合う組織」から「奪い合う組織」へ

職場には、理不尽な上司が必ず1人や2人はいるものです。パワハラやセクハラがこれだけ問題になっていても、組織の論理の中で吹き溜まりのようにそんな人物が生きながらえて力を持っている場合があります。

どんなに意識が高まり、制度が整ったとしてもパワハラやセクハラはなくならない、というのが私の結論です。

なぜなら人間自体が悪を内在させているからです。キリスト教の原罪思想を持ち出すまでもなく、私たち人間の中にぬぐい切れない悪が潜んでいることを否定することはできないでしょう。

エゴや欲望、虚言や嫉妬、支配欲や独占欲……。閉塞した組織と力関係の中で、その悪は醸成され顕在化します。

人間は社会的動物であり、組織を作らざるを得ない動物ですから、組織の悪から逃れて生きることはできません。弱い立場の人間ほどその悪の被害者となりやすい。パワハラ、セクハラは人間が組織を作る以上、必ずついてまわる問題だと言えます。

本来なら、お互いを助け合い、守り合うところから始まったのが集団化であり、組織だったはずです。それがいまや強い者が弱い者から搾取し、奪い取るために組織化が行われています。

このような悪の原理から作られている社会の中で、まともに心を保つこと自体が大変なことだと思います。良心があり、純粋な心を持った人が折れてしまうのは、当然のことではないでしょうか。

心が折れそうになったら、とにかく休むこと

環境と自分の中の遺伝的な因子によって、だれでも心を病むことがあることは、すでにお話ししたと思います。いまのような時代は、だれもが心が折れそうになった経験をして

いるのではないでしょうか？

あるシステムエンジニア（ＳＥ）の人の話ですが、プログラムを期限までに徹夜続きで構築したといいます。しかし、急いで作っているのでバグがどこかで出る。そのたびにまた徹夜が続く。プログラムは自分が作ったので、自分しか直すことはできません。

そんな毎日を繰り返していたある朝、体が重くて動かない体を無理やり会社まで運び、会社のパソコンを立ち上げたとたん、目の前が真っ白になって何も見えなくなったそうです。

まさにフリーズ状態。脳が自ら電源をオフにしたのです。「もはや限界だ」と思った彼は、そのまま会社を飛び出し、気がついたら故郷の実家に向かっていたそうです。

心が折れそうになったら、あるいは折れたと感じたら、とにかく休むことが大切です。現場を離れ、仕事を断ち切る。おそらく、このＳＥの人はそれまでに体の不調などさまざまなサインが出ていたはずです。それを押して仕事を続けたために、ついに脳が自ら電源を切ってしまった。

気がついたら故郷に帰っていたというのも、自己防衛本能だと思います。生まれ育った家がある故郷は、安心して休める場所でしょう。SEだった彼は、いま自分の体験をネット上で紹介するなど、別の道で再出発することができているようです。

心が危ないと感じたらとにかく「逃げる」こと。仕事から離れて「休む」ことです。なかなかそれができずに、最終的なSOSの信号が送られるまで仕事を続けてしまう人も少なくありません。

体や心から送られてきたさまざまなサインを見逃さず、上司に相談して数日間休ませてもらうか、あるいは補助をつけてもらって負担を軽くする。少しでも早い段階で手を打つことで、その分ダメージや症状を軽くすることができると思います。

職場をいきなり離れるなんて無理だと思うでしょうか？　組織というのは本来そのようなリスクを軽くするために、組織として存在しているわけです。自分にしかできない仕事と思っても、補填ができるのが組織というもの。誰かが代わりにやってくれる、何とかなるのが組織なのです。

ちなみに厚生労働省は2015年12月より「ストレスチェック実施プログラム」を実施し、職場のストレスチェックとその実施のマニュアルを無料で紹介しています。それだけ職場のストレスによってメンタルを病む人が増えているという証でもあります。

2018年の厚生労働省の調査によると、メンタルヘルスの不調により、過去1年間で1か月以上連続で休業した社員がいる会社は全体の6・7%。また退職者がいた会社は全体の5・8%となっています。また、何らかのメンタルヘルス対策に取り組んでいる事業所は全体の約6割となっています。

もし小さい職場で、そのようなメンタルヘルスに対する取り組みがないということであれば、地域の保健所や精神保健福祉センターに相談することをお勧めします。

保健所は全国500か所近くあり、心の健康から、アルコールなどの依存症、引きこもりなど、さまざまな問題に対して保健師や医師、精神保健福祉士など専門家が対応してくれます。

相談は電話でも面談でもいずれも可能で、場合によったら保健師が家庭を訪問してくれます。

地域の保健所を確認しておき、いざとなったらすぐ相談できるようにしておくのがよいでしょう。

精神保健福祉センターは、全国各都道府県及び政令指定都市に1か所（東京都は3か所）あります。メンタルヘルスに関する相談全般と、社会復帰に関する相談から認知症関連まで幅広く対応してくれます。医師、看護師、保健士、精神保健福祉士、臨床心理士などさまざまな分野の専門家がいます。

現在病院で診てもらっている人で、治療が思うように進まないという人も、保健所、精神保健福祉センターを訪ねてみましょう。治療プログラムを見直してくれます。

ちなみにいずれも思春期の青少年の悩み相談窓口があります。もし自分の子どもが何らかの精神的な病にかかったと思ったら相談してみてください。身近な公的な専門機関を活用することをお勧めします。

復帰する時は以前の6掛けでよしとする

うつ病といってもその症状はさまざまで、一概に定義することは難しい。ただ、うつ病が重篤な場合はほとんど1日中外に出ることも、人に会うこともできないほどになるそうです。

一般的に気分が落ち込むとか、やる気がしないというのは、「抑うつ状態」という「気分障害」の一種であって、本来のうつ病とは一線を画すようです。

しかし、軽い抑うつ状態を放置し、無理を続けていれば、いずれは重篤な症状に陥る可能性があります。明らかに気分が落ち込み、やる気が極端に失せてしまった時は、迷わず専門家に相談することを勧めます。

うつ病の治療は「休養」「精神療法」「薬物治療」の3つが中心ですが、最近はよく効く抗うつ剤が開発されていて、薬物によってかなり症状の軽減が期待できます。治療を通じて完治できる病気ですが、いっぽうで1度かかると再発しやすいのが特徴です。

ある調査によれば、最初にうつ病にかかった人が再発する確率は50％、2度かかった人が再発する確率は70％、3度かかった人が再発する可能性は90％と、どんどん高くなっていきます。うつ病は対応を間違えると慢性化する病気だということがわかります。

かかってしまったら、とにかく再発を避けるように万全の対策をしなければなりません。

「仕事の量を減らす」というのが1つの方法だと思います。

治ったからといって、また以前と同じようにバリバリ働くことを考えない方がよいと思います。

まず、以前の仕事の6掛けで考えましょう。かりに500万円の年収を稼いでいた人なら、6掛けで300万円の年収を稼げればいいと考える。300万円の年収の人だったら180万円くらいの年収でよしとする。

仕事の量を減らし、ストレスの量を減らすことで、再発を防ぐのです。せっかく復帰しても再発してしまったら、元の木阿弥です。

しかも、どんどん再発率が高くなり、慢性化してしまいます。社会復帰が難しくなり、大変困難な状況に陥ってしまう。それだけは避けなければなりません。

また、そのようなメンタルの病気に罹ったことを、あえて自分で公表する必要はありません。

というのも、世の中はまだまだ偏見も多く、メンタルを病んだ過去があることでさまざまな色眼鏡で見られる可能性があります。

自分の過去をすべて話す必要はない、というのが私の考えです。聞かれたら答えるという姿勢でいればよく、聞かれないことは話す必要はありません。

外交の世界でよくやることですが、自分に都合の悪い情報はあえて相手に伝えないというのがあります。

もちろん聞かれれば答えますが、聞かれなければ答えない。多少のズルさも、生き抜く上では必要だと思います。

SNSがあるせいで心が休まる時がない

これからは、仕事とプライベートをきっちりと分けるということも大事になります。仕事を忘れてリラックスできる時間と空間を、意識的に確保することです。

一番よくないのは会社の仕事を持ち帰り、自宅で仕事をすることです。自宅に会社の書類やら何からがあれば、それを目にしているだけで無意識に仕事モードが続くことになります。24時間、常に仕事と向き合うことでストレスがかかりっぱなしになる。

「働き方改革」で持ち帰り仕事が増える可能性があると指摘しましたが、メンタルヘルスの観点から、持ち帰りは極力避けるようにするべきでしょう。

その意味で問題になると考えるのが、スマホやタブレットなどの通信ツールです。いま、職場でもSNSを使って部署内でやり取りすることが当たり前のようになっています。便利ではありますが、それが足かせのようについて回ることが問題だと思います。

家に帰っても、土日に休んでいても、すぐに会社の人たちとつながってしまう。常に仕事がまとわりついている状態というのは、決してメンタルヘルス的に良い環境ではありません。

仕事だけでなく、いろんな人からＬＩＮＥやフェイスブックで情報が送られてきます。対応しだすと、キリがありません。ちなみに私は、それらＳＮＳは一切使いません。やり取りはすべてパソコンのメールで行います。

ＬＩＮＥは、〝既読スルー〟の機能がやっかいです。パソコンメールなら、返事をすぐに出さなくても角は立ちません。ＳＮＳなどの通信ツールは便利なようでいて、ストレスの元にもなっていると考えます。

返事をしないといけないというプレッシャーや、返事が返ってこないことへの苛立ち。ちょっとした言葉の使い方で誤解を招き、思わぬトラブルに発展することもあります。

便利なものが、じつは一番私たちを縛り、不自由にしている。そういう皮肉なことが起きているのです。

また、ＳＮＳで多くの人とつながり、孤独感をなくすことができると思ったら、いろんな人たちのリア充報告で自分だけが置いてきぼりを食ったように感じてしまう。つき合っている相手が知らない異性といるところを発見して不安になってしまう。自分の投稿の反応が気になり、「いいね」が少ないと落ち込んでしまう……。

SNSの情報でむしろ孤独と不安が高まり、さらにそれを解消しようとしてSNSに依存してしまう。そんな負のスパイラルに落ち込んでしまうのです。

現代社会は依存症と背中合わせ

SNSへの依存について話をしましたが、心が折れそうないまの社会、ついいろんなものに依存してしまいがちです。不安を忘れるために、目先の快楽や欲望に走ってしまう。気がつくとSNSだけでなく、何らかの依存症に陥ってしまうことが多いのです。

高ストレス、疲労感の強い社会だからこそ、その辛さや苦しさを一瞬忘れさせてくれるものにハマってしまいます。

薬物やアルコールだけでなく、ＳＮＳにしてもゲームにしても、あるいはギャンブルや投資にしても、現代社会には依存しやすいものがたくさんあります。前述したように、資本主義、商業主義があらゆるところに入り込んでいる現代社会では、企業はえてして人々の不安を煽り、依存させることで莫大な利益を上げます。

不安ビジネス、脅迫ビジネスとも呼ばれますが、過激なキャッチやコピーがマスメディアに乗り、世の中全体が不安にかき立てられ、依存体質に変えられていく。

不安を忘れ、ストレスを解消することは、メンタルを一定に保つ上で大事なことです。ただし、それがないと今度は不安になり、禁断症状に陥ってしまう。それでは本末転倒です。

厚生労働省が２０１９年に発表した『依存症対策について』の資料によると、アルコール依存症の推計人数は現時点で約57万人、生涯で１度かかった人は約１０７万人となっています。

ギャンブル依存症に関しては同じく現時点で約70万人、生涯でかかった人は約３２０万人という数字です。

依存症は完治させることが難しい病気です。依存のメカニズムに、脳内のドーパミンという快楽物質が関わっているからです。ドーパミンは非常に強力な物質で、脳内麻薬と呼ばれるように、強烈な快楽物質でもあります。

このドーパミンは覚せい剤などの薬物によっても引き起こされますが、特定のプロセスを経ることで分泌されます。脳の報酬系と呼ばれる回路があり、ある一定の行動や成果を経るとドーパミンが分泌され、それを繰り返すことで回路が強化されます。

たとえばパチンコやスロットでなかなか当たりが来ないでイライラしている時に、派手なリーチアクションが来てドキドキする。そして待望の大当たりが確定すると大音量が流れ、視覚も聴覚も刺激される。それと同時にドーパミンが放出され快感を覚える。

この報酬系が刺激されると、再びその快楽を得ようと同じ行動に出るようになります。これがまさに依存症ですが、この構造はゲームでも投資でも、また薬物でも同じです。

不安とストレスの多い現代社会は、常に依存症と背中合わせです。依存症になってしまうと、お金と時間をつぎ込み、不健康な生活に陥ります。最終的には家族や周囲の人間関係の破綻、経済的、健康的、精神的な破綻を招いてしまう。

ゲームでもSNSでも、あるいはギャンブルやアルコールでも、何かしらに依存していると感じたら、先ほどのメンタルヘルス同様、地域の保健所か精神保健福祉センターに相談することをお勧めします。

睡眠の質が下がるとメンタルも落ち込む

メンタルヘルスにおいて何が一番重要か？　それは良質な睡眠をとることだと言ったら、あまりにも簡単な答えだと思われるでしょうか？

しかし、睡眠こそあらゆる病の薬となり、疲れ切った心身にエネルギーを再び取り戻す最大の方法だと考えています。

逆にどんなにストレスや疲労を感じても、夜ぐっすりと眠れているうちは大丈夫。眠っているうちに疲労はかなり回復し、次への活力が充填されているはずです。

寝つきが悪くなり、眠りも浅くなったら危険な兆候です。疲れもストレスも取れず、それがまた心身に作用して眠れなくなってしまう。すぐに専門家に診てもらい、場合によっては睡眠導入剤などの薬を処方してもらいましょう。

私自身は昔から1日4時間眠れば、疲れが取れる体質でした。夜1時に就寝して朝5時には起きます。ただし、大多数の皆さんは最低6時間、できれば7時間から8時間は睡眠を取る必要があると思います。

ちなみに総務省の2016年の調査によれば、男性の平均睡眠時間は7・45時間、女性は7・35時間となっています。ただし睡眠時間はここ20年で男女ともに漸減しており、睡眠時間がしだいに削られていることがわかります。

国際比較では、OECD加盟国主要29か国の比較（2014年）で、日本は下から2番目。世界的に見て、日本人は睡眠が少ないということがわかります。

睡眠時間が短いと自律神経を損ない、体のバランスが崩れるために心身に大きな影響ができます。とくに都会の現代生活では深夜遅くまで営業している店が多く、スマホやタブレットなどで1日中だれかと通信できたり、1人でゲームができたりします。

知らず知らずのうちに睡眠時間が削られ、寝不足になり身体のリズムが狂ってきます。睡眠不足だと明らかに集中力が落ち、仕事の効率が落ちます。それがまたストレスとなって心身に負担をかけ、夜寝れなくなるという悪いスパイラルに陥ってしまいます。

良い睡眠をとるために、寝る前のＳＮＳやゲームはやめましょう。興奮して交感神経が優位になり、寝つきが悪くなります。

スマホやパソコンの画面から出ている光に含まれているブルーライトが、睡眠ホルモンであるメラトニンの分泌を抑えるという研究もあります。寝室にスマホを持ち込まない方がいいでしょう。

良くないのが寝酒です。アルコールはある程度摂取すると眠気を誘発しますが、睡眠の途中で覚醒作用が働き、睡眠が浅くなります。睡眠の質が落ちて逆効果。それどころか寝酒が癖になり、そこからアルコール依存症になってしまうという危険もあります。

睡眠の質を著しく妨げるのが、睡眠時無呼吸症候群です。いびきをかき、睡眠の途中で息が長時間止まる病気です。自分ではなかなか気がつかない病気で、一緒に生活しているパートナーに指摘されてはじめてわかるという人が多い。

本人はしっかり睡眠をとっているつもりでも、この症状によって睡眠が十分に取れていない場合があります。昼間仕事をしているとしばしば強い眠気に襲われる。体がだるく、集中力が続かなくなったという人は、この病気を疑ってください。専門の病院で診察してもらうことをお勧めします。

睡眠が短いと、ありとあらゆる悪影響が心身に出てきます。睡眠が足りないことで代謝が悪くなり、免疫機能が低下します。肥満や成人病のもとにもなる。

睡眠時間が6時間以下の人は7~8時間の人に比べて死亡率が2倍以上になるという調査結果もあります。なによりもまず、質の良い睡眠を取ることから始めましょう。

睡眠にも関係してきますが、規則正しい生活が大事になります。就寝時間と起床時間を決めて、毎日その時間に合わせて生活しましょう。できれば夜はその日のうちに就寝し、朝はできるだけ早く起きるようにする。

朝の光を浴びることで、自律神経が副交感神経から交感神経優位へとスムーズに移行し、1日の調子が良くなる。

同時に、睡眠ホルモンと言われているメラトニンの分泌を高めるので、良い睡眠が可能になるそうです。

朝7時くらいからのセミナーをやると、結構ビジネスパーソンが参加してくれます。仕事前の時間を活用してセミナーに顔を出すのでしょう。基本的に参加者の皆さんは朝型のようで、眠そうにしている人はだれもいません。

朝のスタートが早ければ、始業と同時にフルスロットルで仕事をすることができます。ですから、作業効率は高いでしょう。満員電車に揺られ、始業ギリギリに会社に着いても、眠気と通勤疲れが取れるまでしばらく時間がかかる。作業効率も上がらず、結局持ち帰り仕事になってまた夜の寝つきが悪くなる。

これからは単位時間当たりの仕事の成果、すなわち生産性が厳しく問われる時代になります。その意味でも朝型にして、少しでも早く始動していた方が有利です。

規則正しい生活の妨げになるのが、夜の飲み会などのつき合いでしょう。いつも同じメンバーで、飲んで話すことと言ったら会社のグチばかりというつき合いなら、すっぱりと縁を切った方がよいです。ジムに通い始めたからとか、奥さんがうるさいとか、理由はなんとでもつけることができるはず。

飲み会はお金と時間の浪費だけでなく、規則正しい生活も狂わされてしまうことになりかねません。週に1回とか、月に数回、回数を限って飲む。不規則にダラダラ飲むのは慎むべきでしょう。

会社でも忘年会や新年会、歓送迎会などの行事での飲み会であれば、1次会はつき合い、2次会は遠慮する。ただし、2次会も3回に1回くらいの割合でつき合う。そうすれば「つき合いの悪いヤツ」という烙印は押されないで済みます。

仕事以外で小さな目標を設定してみる

所定就業時間内に仕事をこなすように努力し、あとはプライベートな時間を楽しむという時間の使い方にシフトしていくべきでしょう。

ただしできるだけお金を使わない形で。何かちょっとした目標が持てるものであれば、長続きするし、やりがいも生まれてきます。

たとえば筋トレなどで体を鍛える。ジョギングをする。プールで泳ぐ。民間のスポーツジムに通うと結構なお金を取られますが、自治体などの公共の施設のプールやジムを安く利用する手があります。

体重を何キロまで落とすとか、マラソン大会に出場して完走するなど、具体的な目標を設定するといいでしょう。

これからの時代を生き抜くには、何と言っても健康な身体を維持することが第一です。40歳を過ぎたら、意識的に運動し、体力増進と健康維持を図るべきでしょう。私自身はそれができておらず、大きな声で言えないということがあるのですが。

できるだけ早いうちから健康に投資をする。それが将来の収入の維持にもつながり、心の健康維持にもつながります。

激しい運動が面倒だと言う人は、毎日の散歩やラジオ体操でもいい。ちょっとした運動を習慣化させる。それだけでも10年後20年後に随分違う結果が出てくるはずです。

身体を動かすだけでなく、書道や茶道、華道、短歌のような習い事も面白いでしょう。いずれも古くからの日本文化の神髄を学ぶことができます。また続けていると段などを取得したりして、目標ができ、やりがいが生まれてきます。

運動にしても習い事にしても、それを通じて仕事とは別の世界を知り、仕事とは違った人間関係ができるのが大きいと思います。同じ趣味嗜好を持った者同士で共通の話題や目標があります。そこには主婦から学生、リタイアした人までさまざまな人がいる。それもまた刺激になるでしょう。

多様な人たちと触れ合うことで多様な価値観を知ることができる。それがビジネスの世界ばかりの関係だと、非常に画一的で狭い人間関係しかありません。幅広い人間関係を作ることで心に余裕ができ、よりしなやかに強く生きることができるのです。

怒りをコントロールすることで心を整える

心を整えるという意味で、大事なのが怒りのコントロールです。喜怒哀楽の感情のうち、喜と哀と楽に関しては思う存分表現してよいと思います。下手に押さえつけるのではなく、表に出して発散する。

しかし、「怒」だけは別です。怒りは思う存分発散したら大変なことになります。怒りを抑えることができなかったせいで、職場にいづらくなったり、人間関係を損なったり、いろんなものを失ってしまうリスクがあります。

アンガーマネジメント＝怒りのコントロールが最近注目されていますが、どうやら世の中全体がカリカリしていて、怒りっぽくなっているようです。

あおり運転がこれだけ取り上げられるのも、ちょっとしたことでイライラしたり、カッとしてしまう。そういう人たちが増えていることの表れでしょう。また、ネット上での発言が大勢の非難を一気に浴びる「炎上」も、そんなイライラの表れだと考えられます。

不倫したり不祥事を起こしたりすると、メディアもネットも一斉に同じように徹底的に攻撃する空気があります。

社会全体がシュリンクして、どんどん厳しく窮屈になっていることが影響していると思います。世の中全体にフラストレーションが溜まっているのです。

これからの時代、アンガーマネジメントは非常に重要なポイントです。では、具体的にどうやって怒りを抑えるべきでしょうか?

フロイトは、「怒りは抑圧されることで増す」と考え、「怒りのエネルギーを発散することで怒りが鎮まる」と考えました。しかしどうやらそれが誤りだとわかってきた。

米国で行われた興味深い実験があります。学生たちに作文を書かせ、学生仲間がそれをひどくけなすのです。その後学生たちを2つのグループに分けました。1つはけなした学生の写真を見ながらサンドバックを相手と思って思い切り叩く。もう1つは2分間別の部屋で静かに座っている。

フロイトの理論が正しければ、サンドバックを叩いた方はすっきりとして怒りが治まるはずです。

ところが結果は逆でした。叩いた方はますます興奮し、怒りが増加したのですが、静かに部屋に座っているグループは、叩く方に比べはるかに気持ちが治まったのです。

このことは、怒りだけではなく、人間は行動によって感情を作り出すという事実を示しています。つまり悲しいから泣くのではなく、泣くから悲しくなる。面白いから笑うのではなく、笑うから面白くなる。

一見信じがたい理論ですが、その後の心理学のさまざまな研究と実験によって、そのことが証明されているのです。つまり、怒りに任せた行動は、怒りを増幅させるのです。

イライラしている時ほど、静かに落ち着いた行動を取る。瞑想したり手を合わせて祈るというのが効果がある。ゆっくりとした音楽を聴いたり、美しい景色や絵画などを鑑賞するのもよいでしょう。

立ち振る舞いもゆっくりと穏やかにする。できれば笑顔を作る。口角を上げるだけでも、感情の動きが変わることが実験で明らかにされています。

怒りをコントロールすることが、心を整え、強くする1つの方法だと考えます。

相手の怒り、焦りの原因がわかれば怖くない

私はかつて背任と偽計業務妨害で逮捕起訴され、512日間東京拘置所に勾留され、東京地検の取り調べを受けました。

多くの人は突然の環境の変化と、検事の威圧的な態度や脅しで精神的に混乱し、完全に検事の言いなりになるそうです。ありとあらゆる社会的なつながりを絶たれ、無力な存在に落とされるわけですから、むしろそれが当然でしょう。

なぜ、私がそれでも自分の意思を貫くことができたか？　それは自分の置かれている状

況を客観的に把握し、そこから相手が自分に何を求めているか。相手がどんな状況にあるかを冷静に分析できたことが大きいと考えています。

私は国家の方向性が大きく変わった中で、その時代の転換を行うための国策として逮捕されたのだと理解しました。

時代の転換の中で最も障害になるのが鈴木宗男さんであり、その鈴木さんを排除することが必要になります。鈴木さんの犯罪を立件すべく、私から都合のよい証言を引き出すことが、私を逮捕した検察の最大の目的です。

自分の置かれている状況を理解した上で、次に私を担当する検事がどのような人物かを、少ない情報の中から浮かび上がらせるよう努めました。

すると担当検事は人格円満で人望も厚いこと。ただし今回の捜査で私から証言を得て、しかるべき調書を作成しなければならない立場であることが理解できました。

1日のうちで彼が上司に成果を報告しなければならない時間帯がいつであり、1週間のうちで会議で成果を報告しなければならない日がいつかまでインプットしました。

面と向かっている検事は鬼でも何でもない。彼もまた組織の中で自分の役割をこなさなければならず、追いつめられている立場なのです。それがわかると、ずいぶん心に余裕ができました。彼は私に黙秘され、調書を書けなくなるのが怖いことであり、避けたいことなのです。

私は彼との間に一種のルールを作り上げることにしました。すなわち少しでも高圧的、暴力的に向かってきたら一切黙秘する。そうでなければ知っていることは知っている範囲で真実だけをしっかり供述する。

自分の置かれている状況を分析し、相手が何を求め、何を避けようとしているかがわかれば、心乱すことなく対応ができます。

このことは、おそらく普通のビジネスの現場でも同じではないでしょうか。やたらとプレッシャーをかけてくる上司がいたとして、上司を恐れて避けているだけでは恐怖心が募るばかりです。

なぜそのような行動に出るのか？　その上の部長や役員にきつく当たられているのかも

しれません。もともとコンプレックスが強く、弱い自分を隠すために部下にきつく当たっているのかもしれません。

理由と背景がわかれば、それほど恐れることはなくなります。上からきつく言われているとしたらどんなことなのか？　それを一緒になって解決する方法がないのか上司に提案してみる。自分の味方になってくれると知ったら、上司の態度は急変するかもしれません。コンプレックスのある上司であれば、あえて上司の承認欲求や自己肯定感を高めるような言葉をかけてみる。「課長のいうことを実践したら、すごく成果が上がりましたよ」などと、上司を持ち上げてみるのです。

おべっかを使うのではなく、相手の立場と状況に立って、俯瞰してものを見るということです。

すると自分が一方的に上司に追いつめられているのではなく、相手も何者かから追いつめられていることがわかる。それを理解しているだけで、こちらの心に大きな余裕ができるはずです。

4章のまとめ

●心が折れそうになったら、休む、もしくは逃げること
●不安だからといって何かに依存するのは逆効果
●怒りや恐怖をコントロールすることで心を整える

第5章

コミュニティとアソシエーションで乗り越える

不条理にまみれた世界を解釈するための辞典

最近、中国が宗教を容認するようになったという話を耳にしました。ご存じのように中国は共産党政権ですから、宗教は一切認めないというのが従来からの政策です。なぜ共産主義は宗教を認めないのか？　マルクスは宗教を「民衆のアヘン」と称し、これを否定しました。マルクスが弱冠25歳の時に書いた『ヘーゲル法哲学批判』の一節を紹介しましょう。

＜反宗教的批判の根本は、人間が宗教をつくるのであって、宗教が人間をつくるのではない、ということである。たしかに宗教は、人間が人間らしい生き方をまだしていないか、もうできなくなっている場合の、自己意識であり自己感情である＞

（『ヘーゲル法哲学批判』）

「人間が宗教を作るのであって、宗教が人間を作るのではない」とは、言い換えれば人間が神を作ったので、神が人間を作ったのではないということ。明確にキリスト教的な世界観を否定し、神ではなく人間が主役であることを宣言しているのです。

その上で、宗教は「人間が人間らしい生き方をまだしていないか。もうできなくなっている場合の、自己意識であり自己感情である」と言います。

宗教は自己意識と自己感情に過ぎず、しかも本来の人間の主体性や特性を持たない（持てない）ところでの自己意識であり自己感情だと言うのです。

＜宗教は、この世界の一般理論であり、それの百科辞典的な綱要であり、その論理学が通俗的な形をとったものであり、それの精神主義的な名誉問題であり、それの興奮であり、それの道徳的是認であり、それのおごそかな補足であり、それの慰めと弁解の一般根拠でもある＞

（同掲書）

さらに、宗教はこの世界――不条理にまみれた世界を解釈するための百科辞典であり、通俗的で空想的なものだと喝破します。マルクスはこの通俗的で空想的な百科辞典が、人間が本来持っている能力、すなわち理性を働かせ、合理的に思考し、社会を進化発展させていく能力を発揮させるチャンスを奪っていると断じます。

〈宗教上の不幸は、一つには実際の不幸のあらわれであり、一つには実際の不幸にたいする抗議である。宗教は、なやんでいる者のため息であり、また心のない世界の心情であるとともに精神のない状態の精神である。それは、民衆のアヘンである〉（同掲書）

貧困や戦争、災害や疫病……、人類の歴史は不幸と労苦の積み重ねでもありました。人々はその間、何をしてきたか？　不幸や苦しみを、社会を改善し進歩させることで減らすのではなく、ただ神に祈りを捧げ、救われることを願うことで紛らわせてきた。

あるいは現世の苦しみは、自分の罪や前世の因業だとして納得し、死んだ後の幸福を願うことで心の安らぎを得ていたのです。

それはあたかもアヘンなどの麻薬を用いて、現実の苦しさや不幸から束の間でも逃れることと似ています。

アヘンは痛みを忘れる鎮痛と陶酔性を持っています。苦しみを紛らわせ、陶酔の中で非現実的な世界にたゆたうことで、現実から目を背けることができるのです。

つまり、宗教は現実に対して判断停止を行わせるものだということ。そして、宗教の作り出した空想的なストーリーによって現実を説明し、一種の陶酔感の中で人々を幻想の中で納得させます。

そのストーリーが神であり、最後の審判であり、輪廻転生であり、極楽浄土や地獄というわけです。それゆえにマルクスは「宗教は民衆のアヘンである」と断じたのです。

そんな宗教に頼っている限り、人間は自分たちを取り巻く現実を、現実として認識することはできません。当然、社会の進歩、発展は望めないのです。

混乱と不安の時代、再び宗教が力を持つ？

マルクスの言う、人類の社会の進歩を妨げる宗教を、中国共産党が容認し始めたというのはどういうことでしょうか？　中国は急激な経済成長を遂げたものの、そのひずみが都市部と農村部の極端な貧富の差として表れています。

民衆の不満やストレスは、制度の改革や小手先の施策では対応ができないレベルに達しているのでしょう。もはやこれまで否定していた宗教の力を借りるしかない。そう考えたということでしょうか。

宗教を容認し、民衆に広めることで、社会不安をなんとか解消させようというのが中国共産党の目論見だとしたら、まさにそれこそ合理主義と進歩思想を標榜する、共産主義の敗北宣言ということになります。

なぜ、中国が宗教を容認し始めたということを話しているのか。

これから先、時代の変わり目で社会がさらに混乱した時、人々が心の安定を求めて頼るのが宗教ということになるかもしれません。

過剰なストレスと不安を抱える人たちが、心折れずに生きるために、何らかの宗教に走り、帰依する。そんなケースが増えると想像できます。

怖いのは、得体のしれない新興宗教が各所に生まれ、活動することです。

人の不安と弱みにつけ込むのは、資本主義における企業もそうですが、悪質な宗教団体も同じです。救いが得られる、心の安定が得られるということで、さまざまなものを寄進させ、搾取し、組織から離れられないように洗脳する。そんな状況がたくさん生まれるかもしれません。

私はマルクスの言うように宗教というものが、人間が作り出した一種のファンタジーであり、それが客観的に現実を把握することを妨げる部分があることを認めます。

それによって人間が不幸や苦痛から解放される幻覚を見せることも、同時にさまざまな規制と戒律で私たちを縛り、自由を奪うことも知っています。

ただし、宗教がマルクスの言う意味での「現実」ではなく、非合理的で空想的な百科辞典であったとしても、人間が生きる上での、1つのリアリティであることも強調せずにはいられません。人間は理性と合理性だけでは割り切れない存在であり、はみ出したものを持っている存在なのです。

宗教や信仰が理性では説明できない生きる力を与え、善なる行い、自己犠牲の尊い行いを可能にする例を、私たちは歴史の中でいくつも発見することができます。

これからの時代、宗教とどうかかわるのか？　その距離感を自分なりにどう取るのか？いま以上に問いかけられるようになるでしょう。

私自身は宗教的な視点と、マルクスのような客観的で合理的な視点の2つのバランスが、心折れずに、しなやかに強く生きる上で大きなポイントになると考えます。

1章で、「私とは私と私を取り巻く環境である」という話をしました。

「私」とは内面世界を持った自己であると同時に、周りの環境との関わりから成り立っている存在でもあります。強く生きるためには「私」を変えると同時に、「私を取り巻く環境」も変えていかなければいけません。

「私」すなわち自己の内面世界をしなやかに強く変えるために、時には宗教的な視点や理解が大いに助けになると思います。

いっぽう自分を取り巻く環境を変えていくには、理性によって客観的・合理的に世界を把握し、分析する必要があります。そして同じく客観的・合理的な方法で環境に働きかけ、改善していかねばならない。

マルクス的な客観的現実認識と、宗教的な人間理解の2つの要素とそのバランスが、これからの時代を生き抜くポイントになるでしょう。

上品な人が集まり共同体を構成する

先日、ある独身の編集者と話していたら、将来仲間の独身たち何人かで集まって地方の安い土地を購入し、それぞれが敷地内に小さなログハウスのようなものを建て、共同生活を送ることを考えていると言っていました。

とても面白い考えだと思います。それぞれがプライバシーと独自の生活を確保しながら、同じ敷地内で軒を並べ、いざというときには協力し合う。田舎の土地なので敷地内などに簡単な菜園を作り、部分的に自給自足の生活を送る。

老人ホームに入居するのもよいですが、同じビジョンを描く仲間がいるのであれば、このような共同生活も選択肢として大いにありでしょう。お互いが退職金や貯金の一部を出し合えば、資金的にも十分可能な計画だと思います。

しかもこの編集者が言うには、地方と言っても自分の故郷であり、知り合いや協力者がたくさんいるということです。そうであれば田舎に行っても地域から浮いてしまうこともない。いろいろ現実的には大変な部分もあるでしょうが、老後の暮らし方としては1つの理想的な形かもしれません。

こういう形であれば、独身男女が一緒の敷地内に生活するのもありだと思います。ただし、それにはお互いの節度とルールが大事になります。それをしっかりわきまえて行動できる人でなければ難しいでしょう。

仮に同性同士であっても、メンバーのだれか1人でも自分の利益や欲望ばかりを優先したり、平気で他者のプライバシーや生活に踏み込んだり、他人を騙して利用したりするような、「下品」な人物がいたら共同生活の継続は難しくなります。

つまり共同体を構成する人たちは「上品」な人たちでなければなりません。ところで、1章でもお話ししましたが、下品になることができない「上品」な人たちほど、いまの世の中には適応できず、弱者の立場に置かれている人が多い。

「この共同体にはいわゆる社会的な成功者は参加できません。自分も含めて、社会不適応者や社会的な意味での生産力の乏しい人たち。つまり〝ダメ人間〟たちの集まりになるでしょうね」とその編集者は笑いながら話していました。

その計画が実現するしないにかかわらず、編集者のアイデアの中には、これからの厳しい世の中を生きるヒントをいくつか見ることができると思います。

その一つが「コミュニティ」です。コミュニティ＝共同体とは家族などの血縁や地域のつながりである地縁、また同じ趣味や興味によってつながっている集合体です。編集者の彼が目指しているのは、これまでにない、新たなアソシエーションという共同体の創出です。アソシエーションは自然にできたコミュニティと違って、自発的に集まった人々によって作られた共同体（結社）です。

前にも少し触れましたが、産業革命から資本主義の世の中になって、まず失われたのがこのコミュニティでした。工場労働者がたくさん必要になると、それまで住んでいた家族や村から離れ、コミュニティの紐帯を外れて町中に移り住む人たちが増えました。

それまで共同体のつながりと助け合いの中で生きてきたそれらの人たちはバラバラになり、アトム化した存在になります。

このバラバラになった個が都市化により、たくさん集合することによって生まれたのが「大衆社会」です。大衆社会はコマーシャリズムやマスメディアの発達で大量の情報を共有し、大量消費社会を作り上げ、資本の更なる増幅を可能にしました。

ただし、大衆社会は人数こそ多いものの、その中の個はバラバラです。むしろ「孤独な群衆」（デイヴィッド・リースマン）という言葉が生まれたように、群衆の中で孤独感と不安感がより強くなる。

日本においても、戦後の高度経済成長の中で都市化が進み、同時に大衆化が進みました。地方から都会に出てきて働く人たちも一気に増えました。

会社がコミュニティの代役を担ったが……

コミュニティを離れて都会へ出た人たちを受け入れたのは、「会社」というアソシエーションでした。すなわち、家族主義的な日本的経営であり、年功序列や終身雇用がそれを補強しました。

日本が世界第2位の経済大国となって間もなく、1979年に米国の社会学者エズラ・ヴォーゲルが『ジャパン・アズ・ナンバーワン』という本を著しました。欧米でも注目され、日本語版は70万部を超えるベストセラーとなりました。

その中で日本経済の強さの秘密として挙げられたのが、家族主義的な日本的経営と年功序列や終身雇用制度でした。

いずれも欧米にはないシステムで、労働者の孤独と不安を軽減し、会社に対するロイヤリティ（忠誠心）と仕事に対するモチベーションを高めるやり方として、大いに注目を集めたのです。

ところがバブルが崩壊して２０００年くらいを境に、家族主義的経営も、年功序列や終身雇用も一気に姿を消していきました。そのような経営ではとても国際競争の中で勝ち残っていけないということだったのですが、果たして結果はどうだったのか？

私はむしろ日本企業の強みがなくなり、競争力を失ってしまったと考えています。それまで世界にその力を誇っていた家電メーカーなどは軒並み没落し、いまや見る影もありません。

いずれにしても、家族主義的経営から実力主義、能力主義の時代になり、職場の中での人間関係が希薄化しました。個々人が自分の仕事だけに黙々と取り組み、バラバラになった。安心でき、頼ることができるコミュニティを持たないまま、いまに至っているのではないでしょうか。

かろうじて結婚して家族がいる人はそのつながりが助けになるかもしれません。しかし、夫婦間のつながり、親子のつながりも希薄で、いまや助けになるどころか、むしろストレスの元になっているケースも多いでしょう。

趣味やスポーツのサークルでもいいし、勉強会や読書会のようなものでもいい。地域を基盤にしたアソシエーションや地元の集会でもいいのです。

何らかのアソシエーションに属することが、心の安定と安心を得るために必要になってきていると思います。

社会的な使命をもったアソシエーションとは？

アソシエーションとは共通の目的を持った機能的な集団とされ、営利団体である会社組織はもちろんですが、結社や教会、組合や互助会など非営利団体であっても、目的が明確でそれに向けて構成員が力を合わせているものであればそれに含まれます。

現代社会はコミュニティに代わってアソシエーションが数多く誕生した時代だとも言えます。そしてアソシエーションは何らかの社会的な使命や役割を持っているか、あるいは社会的に何らかの働きかけをする組織でもあります。

現代社会に生きる私たちが、社会に出る、社会人になるということは、会社でも役所でも何でもいいのですが、何らかのアソシエーションに属するということでもあります。そして多くの場合、それによって収入を得るようになります。

アソシエーションはその意味で必要不可欠なものですが、自分たちの営利や主張を追求するあまり、時として先鋭化し、極端になると反社会的な組織になってしまう恐れもあります。

たとえばわが国でいうならば、連合赤軍がそうであり、オウム真理教がそうだったでしょう。彼らは自分たちの世界観を絶対として、他者を攻撃し、重大なる罪を犯しました。アソシエーションの危険性がどういうものかは、このような例を見れば明らかでしょう。

現代社会でたくましく強く生きるためには、1つはできるだけ信頼でき、社会的価値が高いと評価されているアソシエーションに属することです。そしてもう1つが、現代社会の中で解体され失われつつあるコミュニティを復活させ、そこに属することです。

どちらか一方ではなく、できれば両方の組織に属し、両者を行ったり来たりしながら生活することが、これからの時代の心の安定と安心を得るために重要なポイントになると考えます。

ちなみに、コミュニティも時としてアソシエーション的な組織になり得ますし、アソシエーションであっても、先に見た家族主義的経営の様に、コミュニティ的な要素を付加した組織もあります。

コミュニティとして集まった人たちが、地域社会に対して関わることで、アソシエーションとしての機能を持ち得ます。

たとえば高齢化、過疎化が進む村では、お年寄りではできない仕事や作業が多々あります。木になった柿の実を取るとか、畑や庭の雑草を刈るとか、農作業から家事まで、さまざまなことを代行してやる。

ボランティアでもいいし、有償でも構いませんが、いずれにしてもそうやって地域と積極的に関わることで、閉鎖的になりがちなコミュニティから、外に開かれたアソシエーションへと変化します。

コミュニティの家族的なつながりと同時に、アソシエーションを通じて社会的使命を果たし、それによって地域社会に認知してもらえる。内と外のつながりと関係性をバランスよく築くことができれば、当然そこに属する人たちの心は安定し、生きがいややりがいといった生きるエネルギーも生まれてくるでしょう。

シングル同士、夫婦同士が集まって協力し合う

いま日本は、〝独身社会化〟が加速しています。50歳の時点でこれまで1度も婚姻の経験がない「生涯未婚率」は、1985年には男女ともに約5％だったのに対し、2019

年時点での最新データは男性23・4％、女性14・1％と急増しています。

内閣府から発表された推計値によると、この数字は今後も漸増し続け、2040年には男性が29・5％、女性が18・7％となるそうです。じつに男性の3人に1人近くが生涯独身という予測が出ているのです。

国家としては非常に由々しき問題ですが、二極化がさらに進む社会で、経済的に余裕がなくなり、結婚を避ける動きはさらに加速すると考えられます。

これは生涯独身ということですから、離婚した人を含めたら、50歳、60歳の時点でもっと多くの人たちが独身だということになります。

そう考えると、10年後、20年後、老後を夫婦2人で暮らすという生活だけでなく、シングル同士が集まって、何らかの形で互いに助け合いながら生活するスタイルが、ある程度一般的になっている可能性も高いと思います。

このような生き方は田舎だけではなく、都会でも可能です。もちろん地方よりもお金はかかりますが、何人かで協力し合い、お金を出し合えば、都心とはいわずともそれに近い場所でふさわしい場所、物件を探すことができるかもしれません。

高齢者サービスがついたシルバーマンションを気の置けない友人何人かで一緒に契約し、部屋は別々でも何かあったらすぐに駆けつけられるよう、同じフロア同士で住むといったことを計画している人もいます。

また、気心の知れ合った夫婦同士が、シェアハウスに一緒に暮らすなど、夫婦同士で共同生活を考えている人たちもいます。

都心はかなり高いのですが、少し離れて郊外を探せば、ずっと物件の値段は下がります。たとえば埼玉の川越の霞が関駅周辺などは中古マンションの価格がどんどん下がっています。このような近郊を狙って物件を探してみるというのも、1つの方法ではないでしょうか。

いずれにしても、生き方や生活の仕方が多様化する中で、さまざまな老後の生活の形態が生まれつつあります。

自分にとって快適な環境はどんなところか？　頭を柔らかくして多くの可能性を考えて

みることをお勧めします。

殺伐とした都心で働き続ける意味はあるか

コミュニティの再発見ということを考えた時、私は都会で生活するよりもむしろ地方や地域、田舎のほうが可能性があると思います。都会生活は何かと時間的な余裕もなく、せわしない。日々の仕事に追われ、コミュニティを作って育てるというところまで気が回りにくいでしょう。

その点、地方や田舎に行けば、都会に比べたらまだ余裕が残っています。生活のテンポもゆっくりで、人とのつながりがもともと濃い。アソシエーション的な活動をするには都会はふさわしいのですが、コミュニティ的な活動をするなら地方の方がずっとやりやすいでしょう。

地方や地域という考え方が、これからの時代は重要になってくると考えます。

というのも、東京などの大都市はこれから二極化が進展する中で、ますます殺伐とした空気になる可能性があります。

ひと握りの超エリートたちが国家や経営の中枢を握り、大多数のビジネスパーソン、労働者はどんどんその中枢から疎外され、労働力としてこれまで以上に搾取される可能性があります。

3章で指摘したように、これまで総合職的に働いていたビジネスパーソンの多くが実質一般職的な扱いとなり、早い段階でラインから排除されます。

賃金は上がらないどころか、非正規社員と待遇が同じになるということで間違いなく下方圧力がかかるでしょう。

加えて80‐50問題で、いよいよ両親の庇護を失った人たちなどの一部や、倒産やリストラによる失業者の中には路上生活を余儀なくされる人たちも出てくると見ています。

そういう緊迫した空気の中で、なかなか周囲のことにまで手が回らないという人が多くなる。

もちろん、定時に帰宅して、アフター5や土日の時間を有効活用して、会社の人間関係とは違った新しい関係、アソシエーションづくりを戦略的に進める人も出てくるでしょう。

いずれにしても、少子高齢化で経済がシュリンクしていく中、国家は国内で二極化を作り出すことで国家のダイナミズムを維持し、国際競争力を維持する戦略に走っているように見えます。

その流れの中で二極化の嵐は、中心である都会ほど強く吹き荒れる。いっぽう地方は切り捨てられる部分もあると思いますが、同時にそのような流れ、風当たりが弱まる。

そして中心とは違う価値観、すなわち競争ではなくコミュニティ的もしくはアソシエーション的なつながりの中で助け合うことで生き残りを図る。

台風の中心に近づくほど風は強く吹き荒れます。これからの時代はむしろ中心から距離を置いたほうが、厳しい風が弱まり、身を助けることができるかもしれません。

高校時代を一緒に過ごした仲間が糧になる

地方に限らないのですが、そのようなコミュニティやアソシエーションづくりで大きなきっかけになるのが中学校、高校などの同窓生たちとの繋がりです。50歳を過ぎたあたりから、同窓会が頻繁に行われるようになります。

子育てや仕事に追われていた40代を過ぎ、子どもが大学に進学してようやく手を離れ始めるのがこの年代です。

時間的な余裕ができ、自分のこれまでの人生を振り返る。その時に過去、学生時代の旧友たちをふと思い浮かべる。ちょっと会ってみたいとか、みんなどうしているのかなと気になり始める。

不思議なもので、昔、同じ学び舎で時間を過ごした者同士は、長いブランクがあってもすぐに昔の関係に戻ることができます。もはや50歳を過ぎると、新たにそのような気の置けない関係を築くのは困難です。

しかし学生時代の仲間は、有り難いことにいつまでたっても変わらない部分があり、あっという間に昔の関係に戻ることができるのです。

そんな中でも私は高校時代の同窓会が一番溶け込みやすく、昔の自分に戻ることができました。

おそらくそれは高校生の同窓たちが、ほかの小中高生のそれよりも同質性が高いからでしょう。小中学生の頃はさまざまなレベルの人たちが集まっていますが、高校生になるとほぼ偏差値が一緒で、いろんな意味で置かれている環境や考え方が近い人たちが集まっています。

考えていることや趣味嗜好、仕事の分野や内容など、重なるところが多く、関係が長続きしやすいというのがあると思います。

この同窓会がきっかけになって、新たな人生の展開が生まれることもあります。それぞれの分野でキャリアを積んでいる人たちがいますから、相談すれば昔のよしみで親身になって話を聞いてくれるでしょう。

また、そこからさまざまな人を紹介してくれ、人脈が広がる可能性もあります。実際、同窓会がきっかけになって、数人で定期的に飲み会をするようになったとか、年に何回かイベントや旅行をするようになったという人たちもいます。

ただし、私の場合、辛い出来事になってしまった再会があります。

すでにご存じの方もいると思いますが、旧友であった豊島昭彦君が2019年6月にすい臓がんで永眠しました。

豊島君は浦和高校の1年生の時の同級生で、私が文芸部、新聞部などに属し、左翼思想にかぶれてドロップアウトしていったのに対して、彼は雑誌部、写真部に属し、成績優秀で一橋大学に合格した秀才でした。

豊島君とはなぜか気が合い、行動を共にすることが多かった。

私が教室で新左翼系の新聞を読んでいると、「どうか怖い世界に足を踏み入れないでくれよ」と心配してくれたり、「僕は臆病で冒険できないが、君は将来きっと規格外のことをやると思う」と励ましてくれたりしました。高校1年の時の夏休みにソ連・東欧に1人旅をした時、空港まで見送りに来てくれたのも彼でした。

大学入学以降はつき合いがなかったのですが、2018年5月、浦和高校の同窓会で何十年ぶりかで再会を果たし、お互い連絡先を交換して再会を約束しました。その5か月後の10月、豊島君からメールが初めて来ました。その内容は7月にステージ4の末期のすい臓がんであることが判明し、余命は長くないというショッキングなものでした。

私はすぐさま豊島君に会って話をしました。もはや抗がん治療しかできない状態でしたが、豊島君の望みは、自分が生きた証を何かこの世に残したいということでした。そこで豊島君とよく相談し、彼の半生を記録した本を出版することにしました。

3回のロングインタビューを終え、2019年2月初旬に脱稿、4月22日に『友情について 僕と豊島昭彦君の44年』（講談社）が上梓されました。豊島君の半生を描きながら、当時の時代が浮き彫りになるようなものにしたい、という2人の思いが何とか結実したのです。

じつは私自身、この本を執筆しながら、「友人の死を自分の作品として利用しているのではないか？」という強い自責の念に襲われ続けていました。しかし、書くことでしか私は友情を示し、彼の望みを果たすことができなかった。

いよいよ死期が迫った時、病床で豊島君は私に元気なうちに伝えておきたいと言いました。「自責の念に悩んでいると書いているがどうか悩まないでほしい。僕はもうすぐ死ぬけれど、本ができたことで僕の記憶は永遠にこの世に残ることができた。ありがとう」。

彼は入院する少し前に浦和高校の校庭を歩き、昭和50年4月に最初に出会った時のことを思い出したそうです。「その時から、人生の最後を佐藤君と一緒に向き合うことが運命だったんだね」と豊島君は言いましたが、私もまさに同じ気持ちでした。

学生時代の友人は出会いも別れも含めて私たちに多くの尊いものを与えてくれます。孤独と不安の時代にあって、それは大きな光となるでしょう。若く純粋な魂のつながりは時空を超えて結びつき、復活するのだと思います。

最大のセーフティネットは人とのつながり

学生時代の友人との再会もそうですが、これからの時代に必要なのは「つながる力」だと考えます。家族のつながりや友人とのつながり、地域社会とのつながりやさまざまな会やサークルでの人とのつながり。

どれだけ多くの「つながり」を持つことができるかが、厳しい時代を生き抜くために必要です。その「つながり」＝「ネットワーク」がそのまま人生のセーフティネットとなるのです。

人生のセーフティネットを何に託すか？

1つはお金があります。自分で稼いで貯蓄していざという時に備える、すなわち「自助」です。次が社会保障など公的な制度に頼る「公助」です。そしてもう1つが仲間や共同体などのつながりに頼ること、すなわち「共助」です。

「自助」「公助」「共助」のバランスが大事だということはすでに触れました。しかしこれからの社会を考えた時、「自助」に頼れる人の数は少なくなるでしょう。「公助」もまた少子高齢化で、いままでのようにはいかなくなる。年金も、健康保険もどんどん条件が悪くなると考えられます。

すると「共助」の比重がこれからは高くなるはずです。共同体のつながり、仲間や友人とのつながりが、ますます大切になってくる。

ですから先ほどの同窓会の集まりのように、旧友との親交の復活というのは非常に大きな意味を持ってきます。できれば単に飲んで再会を懐かしむだけでなく、お互いを助け合う共助の気持ちでつき合いを深めていくことが望まれます。

昔は農村などに「頼母子講」「無尽講」という互助組織、相互扶助制度がありました。沖縄などでは「模合」と呼ばれ、地域の住人がお金を出し合い、順繰りにそれを受け取れるという制度があります。

いまは法律などで「講」に関しては取り締まりの対象になっていますが、「模合」は法律で縛れない部分が多く、いまでも飲み会の口実のために「模合」が行われていたりします。

いずれにしても、人とのつながりの中で互いに助け合うという視点が大変重要になってきます。旧友たちと集まって、一緒に助け合う仕組みを考える。多くの賛同者が得られるような、求心力のある提案ができるかどうか。その意味では企画力も大事になってくるでしょう。

個々がバラバラになるのではなく、もう一度つながる。それは自分たちの独自のストーリーを作ることでもあります。

世の中から与えられたストーリーに乗っていると、私たちはバラバラで無力な個に堕ちてしまいます。これからの時代はそれを乗り越える別のストーリーを自分たちで作ることがポイントです。それによって再び私たちはつながることができる。つまり「束になる」ことができます。

私たちは「新しいストーリーを作って束になる」ことで、再び強い心を取り戻すことができるのだと思います。

『「いき」の構造』に見るしなやかな生き方

人とのつながりを広げる上で、大事なポイントは何か？　それこそが、この本の冒頭でお話しした「上品」であることだと考えます。

だれかを蹴落としてでものし上がろうとか、得をしようとか、だれかを利用しようというような「下品」な精神の持ち主は、前にもお話ししたように利害を超えた部分でつながることはできません。

先日読み返した本で、とても参考になる本がありました。九鬼周三の『「いき」の構造』という本です。１８８８年生まれの九鬼は東京帝国大学で哲学を学び、ドイツやフランスに留学してハイデッカーやベルグソンに学んだ哲学者、思想家です。同年代の和辻哲郎や三木清ら京都学派の哲学者とともに当時の思想界を先導した人物でした。

『「いき」の構造』は九鬼が留学から戻った直後、１９３０年に発表されました。留学中、九鬼は日本の美と美意識についてむしろ強く惹かれるようになります。そして日本の美の真髄の一つとして、彼は「いき（粋）」という言葉に突き当たります。

ただし、当時ヨーロッパに留学した哲学者が「いき」ということに正面から取り組むのは、驚きをもって迎えられました。というのも、「いき」という言葉は江戸時代の遊郭の美意識であり、そこで生まれた言葉だからです。

九鬼は「いき」の内包的構造として、「媚態」「意気地」「諦め」の3つを挙げています。いずれも遊郭から生まれた「いき」ならではのものです。

まず「媚態」とは、国語辞典などでは「女性が男性に媚びる態度、なまめかしいさま」という説明がされています。九鬼はもっと意味合いを普遍化して次のように書きます。


〈媚態とは、一元的の自己が自己に対して異性を措定《そてい》し、自己と異性との間に可能的関係を構成する二元的態度である。そうして「いき」のうちに見られる「なまめかしさ」「つやっぽさ」「色気」などは、すべてこの二元的可能性を基礎とする緊張にほかならない〉

（『「いき」の構造』）

男性なら女性、女性なら男性というように、互いに異性が存在します。異性というもう1つの世界を希求することで、相手を意識します。自己という一元的な意識から、他者、異性との対峙という差異をともなった二元的な意識へと切り替わります。この二元的な意識の中での緊張を和らげ、つなぎとめる態度が「媚態」だというわけです。

花柳界ではそれが「なまめかしさ」「色気」「つやっぽさ」ということになるわけですが、もっと広げれば、他者を意識し、つながろうとする心持ちだと言えます。相手の関心を引き、興味を持ってもらうように仕向ける態度と言ってよいと思います。

「意気地」があるから「媚態」も上品になる

次に挙げている「意気地」とは、「意地」であり、いわゆる江戸の武士が持っていた「武士は食わねど高楊枝」の気概であり、「宵越しの銭は持たぬ」の気風のよさだと九鬼は説明しています。

＜金銀は卑しきものとて手にも触れず、仮初《かりそめ》にも物の直段を知らず、泣言を言はず、まことに公家大名の息女の如し」とは江戸の太夫の讃美であった。「五丁町の辱《はじ》なり、吉原の名折れなり」という動機の下に、吉原の遊女は「野暮な大尽などは幾度もはねつけ」たのである＞

（同掲書）

金品など目先の欲望に踊らされぬ気品と凛とした態度によって、「媚態」をいやらしいものにせず、純化しうるのが「意気地」だと言います。すなわち……、

＜「とんと落ちなば名は立たん、どこの女郎衆の下紐を結ぶの神の下心」によって女郎は心中立《しんしゅうだて》をしたのである。理想主義の生んだ「意気地」によって媚態が霊化されていることが「いき」の特色である＞

（同掲書）

そして「いき」の内包的構造の3つめの要素として「諦め」を挙げています。

＜「いき」の第三の徴表は「諦め」である。運命に対する知見に基づいて執着を離脱した無関心である。「いき」は垢抜《あかぬけ》がしていなくてはならぬ。あっさり、すっきり、瀟洒《しょうしゃ》たる心持でなくてはならぬ＞（同掲書）

と九鬼は言います。執着を離脱した無関心とは、仏教で言うところの解脱ということでしょう。ただしここで言う諦めとは、煩悩を滅するという徹底した意味ではないようです。「いき」は垢抜けして、あっさり、すっきりした小ぎれいな心持ちだと続けています。ある部分を過ぎたら諦めて、しつこく追わない潔さが求められている。

何としても成功しようとする上昇志向や、過剰な努力はそれこそ「いき」の反対語である「野暮」なのです。男女の関係で言うなら、ストーカーのような迷惑な行動は論外ということでしょう。

＜異性に対する淳朴《じゅんぼく》な信頼を失ってさっぱりと諦むる心は決して無代価で生れたものではない。「思ふ事、叶はねばこそ浮世とは、よく諦めた無理なこと」なのである。その裏面には「情《つれ》ないは唯うつり気な、どうでも男は悪性者」という煩悩の体験と、「糸より細き縁ぢやもの、つい切れ易く綻《ほころ》びて」という万法の運命とを蔵している＞（同掲書）

ただし、諦めは簡単に至れる境地ではありません。恋焦がれる相手と結ばれることができない、何としても手に入れたいと煩悶する苦痛の体験を通してこそ得られるものです。煩悩の苦痛が頂点に達した時、ふっと「糸より細き縁」だという諦めの境地に達する。その艱難辛苦を経て、肩の力の抜けた者だけが「諦め」を持つことができるのです。

再び世に出られたのは意気地があったおかげ

九鬼周三の言う「媚態」「意気地」「諦め」は、そのままこれからの時代をしなやかに、かつ強く生きるためにとても重要になる考え方ではないでしょうか。それぞれもう少し詳しく説明していきます。

これからは、人とのつながりがいままで以上に大事になります。そこには人と積極的に関わっていく気持ちが必要になります。

また会社でもどこでも、組織の中で上手に人間関係を構築していかなければいけません。気に食わない相手でも、嫌いな上司であっても組織の中であれば自ら関係を断つことはできません。何とかしてつき合っていかねばならない。

「媚」は単に相手に色目を使うとか、媚態を作るという狭い意味ではありません。九鬼の言う意味は、相手の存在を認め、自他の距離と違いを認識しながらも、それを乗り越えようとする積極的な態度のことを言います。

自分を理解しようとか関係性を持とうと、ひたむきな姿勢の人物に対し、嫌な気持になる人はいません。好感を持ち、「可愛いヤツだな」と思うでしょう。男性でも女性でも、上から可愛がられるということは大事なことです。

また周囲から見ても、なぜか人気がある人、注目を集め、人が寄ってくる人物がいます。一種アイドル的な魅力に近いのですが、そういう人を引きつける魅力も、この「媚」の中に含まれると思います。「色気」というものに近いかもしれません。

いずれにしても組織の中で上手に生き抜くためにも、また、新たなコミュニティなどでつながりを広げていくためにも、媚というのが大事になります。それは「しなやかに、したたかに」生きる姿そのものだと、言えるのではないでしょうか。

また、「意気地」というのは「意地」「意気」と同じであり、それが「粋」につながっています。自分自身の中の譲れない一線、侵されざる領域を持ち、たとえやせ我慢であってもそれを貫き通す気概のようなものです。

どんなことがあっても嘘はつきたくないとか、天地に恥じる行いはしないという、道徳的なものに通じています。

目先の利益や欲望に安易に振り回されない気概、どんなに汚れた世の中であっても、絶対に染まらない部分を持ち続けるという純粋な思いが「意気地」です。

世の中は自分を曲げ、抑えなければ生きていけない部分があります。資本主義とはすべてを商品化することで成り立っていますが、厳しい世の中になるほど自分を売らなければ生きていけなくなる。その時にそれに甘んじながらも、だからこそ自分の中で譲れない一線を引くことが重要になります。

先ほどの「媚」が自分に対峙する社会や相手に対するへりくだった部分があるとしたら、「意気地」はそれを補完しバランスを取る意味でも大切になってきます。「意気地」がなくただ「媚びる」だけでは、いやらしいものになってしまう。「媚」がきれいなものであるためにも「意気地」が必要だということです。

逆に言うなら、「意気地」＝譲れない一線をしっかり持っているからこそ、それ以外の部分では妥協することもできる。柔らかくしたたかに生きることができるとも言えます。

このことは私自身が体験したことでもあります。５１２日間、拘置所生活を余儀なくされても、検察の言いなりにならず鈴木宗男さんの収賄という作られたストーリーを認めなかったのは、この「意気地」に近かったのかもしれません。

どんな目に合わされたとしても、検察の言いなりにならないという気概はあったと思います。私が助かるために鈴木さんを無実の罪に落とすことは、私の良心が許しませんでした。たとえ拘置が長引こうと、それだけは絶対に譲れない。その意地が私の存在証明となり、耐え抜く原動力にもなりました。

この一線を譲らなかったことが、いまの私につながっています。作家として再び世の中に出ていくことができたのは、自分にやましいところ、嘘はついていないという思いがあるからです。

自らの限界を知らない存在は傲慢になる

「諦め」とはさまざまな苦い体験を経て、「人間にはどうすることもできないものがある」ということを知ることです。

自らの限界を知らない存在は傲慢になります。それは時として人を傷つけ、暴力を振るうことにつながっていきます。

人がまっとうに恋愛をし、成熟したならば、当然恋愛に対して「諦め」の気持ちが生まれる、と九鬼は言います。男女の関係に関わらずとも、成熟したらさまざまな限界を知り、諦めの気持ち、達観する気持ちがおのずと生まれてくるはずです。

飽くことなき成長と拡大を求め、資本の最大化をつねに目論む資本主義は、その意味でいつまでたっても諦めを知らない、青臭いシロモノかもしれません。そんな社会の中では常に努力して上を目指すことが美徳とされます。

努力を続けない人間は劣った人間であり、排除されても自己責任だという論理は、諦めを知らない野暮な人間たちからしか生まれてきません。

もちろん、日常の仕事の中で成果を上げるために、自分なりの努力や工夫は必要なことです。ただしそれが常に報われるものだと考えるのは、かえって不満やストレスを生み出すことになります。

とくに現在のような二極化が進む世の中では、期待を裏切られることの方が増えるでしょう。1歩引いた目線で冷静に世の中と向き合う。最低限の努力はしながらも、過大な期待をしないくらいの距離感が、心の安定には良いと思います。

むしろ「諦める」ことで、膠着した人生から別の人生へと展開することが往々にしてあります。

司法試験を目指して10年間も頑張るというのは、むしろ美談ではなく滑稽でしょう。明らかに適性がないと判断して方向転換する。積極的な意味での「諦め」が必要です。

もしかしたら別の適性が自分にあるかもしれません。文章を書く能力が高ければ、法律知識を生かしたライターや作家を目指すこともありでしょう。むしろその方が人生の花が咲く可能性があります。

実際、最初の目標を諦め、それに関わるセカンドチョイスで成功している人はたくさんいます。いい意味での「諦め」が柔軟な思考を呼び覚まし、人生をたくましく生き抜く原動力になるのです。

逆境の時代こそ日本人の美意識に立ち返る

九鬼の言う「いき」の真髄である「媚」「意気地」「諦め」は、考えるほどに、しなやかに、強くたくましく生きる人間の実践的な知恵だと感じます。それはまた前に触れた「上品」な生き方とも通じています。

九鬼が『「いき」の構造』を著したのが1930年。ちょうど昭和恐慌が始まった年でもあります。彼は失業者が溢れ、混乱する世の中だからこそ、優雅な余裕のある世界から生まれた日本人の美意識――「いき」を考えたのでしょう。

社会の価値観が変わり、自分を見失いそうになる時こそ、日本人の伝統的な美意識に立ち返ることが必要だと考えたのではないでしょうか。

いま、日本は同じような変わり目を迎えています。これからの10年、20年は決して明るい世の中が待っているとは言えません。辛く厳しい時代を前に、いかに心折れずに生き抜くか。しなやかに、かつしたたかに生き抜くか。

もう一度日本人の美意識の核に立ち戻ること。そして私たち自身のストーリーを作り、結びつくことが大事になります。

困難で苦しい時代は、同時に新しい価値観と生き方――新時代の可能性が生まれる母体でもある。その胎動がすでに始まっていると思います。

5章のまとめ

- **コミュニティとアソシエーションを構築する**
- **最大のセーフティネットは人とのつながり**
- **「媚態」「意気地」「諦め」の心持ちで生きていく**

【著者略歴】

佐藤優（さとう・まさる）

1960年東京都生まれ。作家。元外務省主任分析官。

同志社大学神学部卒業。同大大学院神学研究科修了後、85年外務省に入省。英国の陸軍語学学校でロシア語を学び、在ロシア日本大使館に勤務。北方領土問題など対ロシア外交で活躍。2002年、背任と偽計業務妨害容疑で逮捕。09年、最高裁上告棄却。13年、執行猶予期間を満了し刑の言い渡しが効力を失う。

同志社大学神学部客員教授、同大学特別顧問、名桜大学客員教授。著書に『国家の罠』（毎日出版文化賞特別賞）、『自壊する帝国』（大宅壮一ノンフィクション賞、新潮ドキュメント賞）など多数。

メンタルの強化書《きょうかしょ》

2020年 2月 1日 初版発行
2020年 2月16日 第2刷発行

発行 株式会社クロスメディア・パブリッシング
発行者 小早川 幸一郎
〒151-0051 東京都渋谷区千駄ヶ谷4-20-3 東栄神宮外苑ビル
http://www.cm-publishing.co.jp
■本の内容に関するお問い合わせ先 …………………… TEL (03)5413-3140 ／ FAX (03)5413-3141

発売 株式会社インプレス
〒101-0051 東京都千代田区神田神保町一丁目105番地
■乱丁本・落丁本などのお問い合わせ先 ……………… TEL (03)6837-5016 ／ FAX (03)6837-5023
service@impress.co.jp
（受付時間 10:00 ～ 12:00、13:00 ～ 17:00 土日・祝日を除く）
※古書店で購入されたものについてはお取り替えできません
■書店／販売店のご注文窓口
株式会社インプレス 受注センター ……………………… TEL (048)449-8040 ／ FAX (048)449-8041
株式会社インプレス 出版営業部 ……………………………………………………… TEL (03)6837-4635

カバーデザイン 金澤浩二（cmD）
本文デザイン・DTP 鳥越浩太郎
製本 誠製本株式会社

本文構成 本間大樹
カバー・本文撮影 坂本禎久
印刷 株式会社文昇堂／中央精版印刷株式会社
ISBN 978-4-295-40384-5 C2034